As ideias conservadoras
explicadas a revolucionários e reacionários

João Pereira Coutinho

As ideias conservadoras

explicadas a revolucionários e reacionários

TRÊS ESTRELAS

EDITOR Alcino Leite Neto

EDITOR-ASSISTENTE Bruno Zeni

COORDENAÇÃO DE PRODUÇÃO GRÁFICA Mariana Metidieri

PRODUÇÃO GRÁFICA Iris Polachini

CAPA Eliane Stephan

IMAGEM DE CAPA O filósofo e político irlandês Edmund Burke, em gravura do livro *Histoire de France populaire*, de Henri Martin, publicado no século XIX – Rue des Archives/Latinstock

PROJETO GRÁFICO DO MIOLO Mayumi Okuyama

PREPARAÇÃO Ieda Lebensztayn

REVISÃO Carmen T. S. Costa e Lila Zanetti

ÍNDICE REMISSIVO Cacá Mattos

Dados Internacionais de Catalogação na Publicação (CIP)
(Câmara Brasileira do Livro, SP, Brasil)

Coutinho, João Pereira
As ideias conservadoras explicadas a revolucionários e reacionários / João Pereira Coutinho. -- São Paulo : Três Estrelas, 2014.

4ª reimpr. da 1ª ed. de 2014.
ISBN 978-85-65339-25-4

1. Ciências políticas 2. Conservadorismo 3. Ensaios políticos 4. Filosofia política I. Título.

14-00526 CDD-320

Índice para catálogo sistemático:
1. Ensaios políticos 320

Este livro segue as regras do Acordo Ortográfico da Língua Portuguesa (1990), em vigor desde 1º de janeiro de 2009.

TRÊS ESTRELAS

Al. Barão de Limeira, 401, 6º andar
CEP 01202-900, São Paulo, SP
Tel.: (11) 3224-2186/2187/2197
editora3estrelas@editora3estrelas.com.br
www.editora3estrelas.com.br

Sumário

"Sometimes", said Julia, "I feel the past and the future pressing so hard on either side that there's no room for the present at all."*

EVELYN WAUGH, *BRIDESHEAD REVISITED* (1945)

* "Por vezes", disse Julia, "sinto o passado e o futuro pressionando tanto em ambos os lados que já não sobra espaço para o presente."

Quattordici: uma introdução

O conservadorismo não existe. Existem *conservadorismos*, no plural, porque plurais foram as diferentes expressões da ideologia no tempo e no espaço. Uma história talvez ajude a não perder o pé. No breve e delicioso *Conservatism* [Conservadorismo] (1956), o filósofo e poeta americano Peter Viereck relembra a história do antigo rei do Piemonte-Sardenha, que deambulava pelas ruas do reino murmurando demencialmente a palavra *ottantott*. Para o infeliz monarca, tudo seria perfeito – ou, pelo menos, mais perfeito – se o mundo pudesse voltar a 1788, às vésperas da Revolução Francesa.[1] *Ottantott*, expressão em italiano dialetal do Piemonte que significa "oitenta e oito", era a utopia do rei destroçado, exemplo pungente de que nem só os revolucionários de esquerda têm direito a cultivar as suas utopias. Como se verá.

Essa história é importante por dois motivos fundamentais. O primeiro, evidente em qualquer manual de ideias políticas, porque radica na Revolução Francesa de 1789 a emergência do conservadorismo moderno como ideologia. Veremos no próximo capítulo se o conservadorismo pode ou não ser uma ideologia; e, em caso afirmativo, que *tipo* de ideologia ele será. Por ora, entretanto, não vale a pena cansar o digníssimo leitor com divagações arcanas.

Interessa apenas afirmar que a Revolução Francesa, e a reação a ela personificada no irlandês Edmund Burke (1729-1797), permitiu que o conservadorismo se autonomizasse como uma resposta antirrevolucionária e, no caso de Burke, antiutópica também. Quase apeteceria dizer que uma das consequências mais felizes do ano de 1789, para além da encomenda de *Così Fan Tutte* a Mozart, foi a emancipação do conservadorismo como ideologia política: em Paris, ele saiu finalmente da casa dos seus pais.

O que não significa, obviamente, que a casa paterna não tenha sido importante para que o jovem emancipado aprendesse os primeiros passos, as primeiras letras, as primeiras maneiras. São vários os autores que, em busca de alicerces teóricos sólidos para o conservadorismo moderno, recuam a manifestações mais antigas. Anthony Quinton emerge dessa galeria como o arqueólogo *par excellence*. Lemos Aristóteles, lemos Cícero, lemos Tomás de Aquino – e encontramos vestígios de um pensamento conservador, inarticulado como tal, que não nasceu apenas com a vigorosa e influente resposta antirrevolucionária de Burke.[2]

E, por falar em Burke, convém não olhar para o escritor e parlamentar irlandês como o primeiro homem a pisar o planeta conservador. Como sustenta ainda o mesmo Quinton em *The Politics of Imperfection* [A política da imperfeição] (1978), um tratado *de rigueur* para qualquer interessado na matéria, Burke se situaria sensivelmente no meio de uma tradição britânica que começa em Richard Hooker, no século XVI, e se estende até Michael Oakeshott, no século XX.[3] Com a devida vênia a lorde Quinton, eu me arriscaria também a esticar um pouco mais o manto e a aumentar a lista, incluindo Roger Scruton e John Kekes em pleno século XXI. Burke pode ser o precursor do conservadorismo moderno. Mas, antes de iniciar essa tradição, ele é parte de uma tradição.

Só que a história do rei que murmura *ottantott* com a desolação própria dos náufragos não se limita a apontar 1789 como o ano fundamental (e fundacional) para a emergência do conservadorismo moderno como ideologia política. Interessa também analisar a atitude do rei: a crença desesperada de quem via no regresso ao *status quo* anterior a salvação para a desordem posterior. É uma atitude que permite não apenas a distinção óbvia entre o pensamento revolucionário e o pensamento antirrevolucionário, mas que ilumina igualmente a diferença entre dois tipos de pensamento antirrevolucionário.

O mesmo Viereck, partindo dos exemplos tutelares de Burke e Joseph de Maistre (1753-1821), designa o primeiro como "espírito moderado" e o segundo como "reação intolerante".[4] É uma boa distinção, apesar de algumas limitações: ao escrever as suas *Reflexões sobre a Revolução na França* [*Reflections on the Revolution in France*] (1790), Burke dedicou-se na primeira parte da obra a reagir intolerantemente contra as inovações filosóficas e destrutivas – ou, mais precisamente, *destrutivas porque filosóficas* – que os franceses experimentavam em Paris.

Viereck tem razão se o "espírito moderado" se aplicar com mais propriedade à segunda parte das *Reflexões* e, sobretudo, aos textos finais de Burke: o irlandês podia ser, aos olhos dos seus inimigos jacobinos, a encarnação mais próxima do diabo. Porém mesmo Burke, um opositor da

Revolução Francesa desde a primeira hora, não deixou de admitir que ela talvez viera para ficar. E que de nada valia procurar ou repetir *ottantott* até a insanidade porque o "espírito do tempo" mudara e não voltaria para trás. Nas palavras de Burke – palavras que não deixaram de provocar sério prurido intelectual em alegados conservadores[5] –, "se uma grande mudança é para ser feita nos assuntos humanos, as mentes dos homens adaptar-se-ão a ela, as opiniões e os sentimentos gerais confluirão para esse destino". E ele conclui melancolicamente:

> Todos os medos, todas as esperanças a seguirão; e aqueles que persistirem em se opor a esta poderosa corrente nos assuntos humanos parecerão resistir aos próprios decretos da Providência e não tanto aos meros desígnios dos homens. Não serão resolutos e firmes, mas perversos e obstinados.[6]

Eis a linha que separa um conservador de um reacionário. Porque, apesar de Joseph de Maistre contemplar igualmente essa possibilidade – a Revolução era um castigo divino que se abatia sobre a licenciosidade dos franceses, não cabendo a matéria tão ímpia questionar os insondáveis desígnios do Altíssimo –, seu propósito era, ainda e sempre, o de reverter a desordem revolucionária pela punição dos seus agentes demoníacos e pela restauração do Trono e do Altar.

Como escreveu Maistre em suas *Considerátions sur la France* (1797):

> Só o Rei, e o Rei legítimo, levantando do alto do seu trono o cetro de Carlos Magno, pode extinguir ou desarmar todos os ódios, frustrar todos os projetos sinistros, classificar as ambições pela classificação dos homens, acalmar todos os espíritos agitados e criar subitamente em torno do poder essa muralha mágica que se assume como a sua verdadeira guardiã.[7]

Não será de espantar que essas palavras, talhadas à medida dos que não aprendem nada nem esquecem nada, tenham sido particulamente revisitadas e aplicadas na segunda década da Restauração na França (1814-1830), quando Carlos X decidiu abolir algumas das conquistas "liberais" (a separação do Estado e da Igreja, a liberdade de expressão, a existência de uma Câmara de Deputados etc.) que o seu antecessor, Luís XVIII, pelo menos tentou respeitar a contragosto. Os resultados não foram edificantes.

*

Afirmei no início que o conservadorismo não existe. Existem *conservadorismos*. O presente ensaio começa por ser apenas a versão de um deles, filiando-se à tradição conservadora britânica. Essa filiação apresenta uma vantagem – e um novo problema.

Como vantagem, o conservadorismo britânico, globalmente considerado, parece ter sido capaz de reconhecer ao longo da sua história como o espírito revolucionário não era um elemento exclusivo do "jacobinismo" nas suas múltiplas encarnações. Olhando para o outro lado do Canal da Mancha, era possível encontrar pensadores à direita, e mesmo pensadores conservadores de direita, que repetiam e procuravam, com particular estridência, os seus personalíssimos *ottantott*. A principal diferença entre esses pensadores, e tal como acertadamente defende Noël O'Sullivan, residia em saber se esse estado de perfeição se situava no passado (como para o referido Maistre ou para o seu contemporâneo Louis de Bonald) ou se seria antes uma promessa messiânica para o futuro (como nos nacionalismos de Maurice Barrès ou Charles Maurras). "Em qualquer dos casos", conclui O'Sullivan, "é o elemento utópico introduzido na ideologia conservadora pela procura de limites completamente objetivos sobre a vontade humana que explica a completa inabilidade da extrema direita para acomodar o mundo moderno".[8]

O conservadorismo britânico sempre tendeu a olhar com higiênica distância para essas violentas condenações do pensamento revolucionário e utópico que passavam, paradoxalmente, pela imposição de novas e revolucionárias utopias. Terá sido essa distância que, ainda segundo O'Sullivan, permitiu ao conservadorismo britânico um apreciável grau de aceitação e de coexistência pacífica com a nova sociedade emergente das revoluções francesa e industrial.[9] Que isso nem sempre tenha sido atingido pelos primos ideológicos da Europa continental, eis uma fatalidade que a história do século XX se encarregaria de elevar a trágicas alturas.

A filiação na tradição conservadora britânica poderá alimentar a ideia de que também aqui falamos de um bloco ideológico uniforme, composto por Edmund Burke e todos os seus fiéis herdeiros. Nada estaria mais longe da verdade. Não que

William Wordsworth (1770-1850) ou Samuel Coleridge (1772-1834) ou Thomas Carlyle (1795-1881) tenham deixado de reclamar essa herança. Mas, à semelhança do que aconteceu com alguns dos autoproclamados herdeiros continentais de Burke, a herança foi muitas vezes dissipada em lamentáveis projetos, mesmo que estes não tenham vingado com o grau de sucesso (ou, corrigindo, de *insucesso*) que foi possível contemplar em outros países europeus.

Na sua feição mais extrema, o antiparlamentarismo de Carlyle e o culto por vezes irracionalista de um "heroísmo" carismático como fonte da autoridade e da legitimidade políticas aproximam o autor de outras águas – que estão longe do tradicionalismo constitucional de Burke. Soa estranha a ouvidos burkeanos a proclamação tonitruante de Carlyle de que "a adoração do Herói, feita diferentemente em diferentes épocas do mundo, é a alma de todos os tratos sociais entre os homens".[10] Como soa estranho saber que a biografia hagiográfica que Carlyle escreveu sobre Frederico da Prússia tenha sido a última leitura de Hitler no *bunker*.[11] Um pormenor que, na verdade, nada tem de anedótico.

Não é preciso, entretanto, chegar a essas cores fortes para mostrar as diferentes tonalidades que existem no interior da mesma tela conservadora. Outros autores, inegavelmente mais moderados, continuam, apesar de tudo, afastados de Burke em muitos aspectos relevantes, mesmo que reclamem a decisiva influência deste. O recorrente desconforto do estimável Benjamin Disraeli (1804-1881) perante a "sociedade comercial" do seu tempo é apenas o melhor exemplo dessa "dissonância" em face de Burke. Uma "dissonância" que continuaria a se manisfestar em sucessivas lideranças conservadoras na segunda metade do século XX – até Margaret Thatcher. Não admira que, ao chegar à liderança do partido (em 1975) e do país (em 1979), Thatcher tenha despertado as mais inflamadas críticas, não apenas dos seus adversários políticos de esquerda, mas também, ou sobretudo, daqueles que se intitulavam os "genuínos conservadores". Para autores como Roger Scruton (em *The Meaning of Conservatism* [O significado do conservadorismo], 1980) e, em especial, Ian Gilmour (em *Dancing with Dogma* [Dançando com o dogma], 1992), Thatcher teria atraiçoado o conservadorismo ao adotar políticas "neoliberais" (o que quer que isso seja) que eram incompatíveis com o respeito primordial por valores ou tradições havia muito estabelecidos.

Não sei se entre esses "valores" ou "tradições" estaria o autoritarismo, por vezes violento, dos sindicatos; ou o hábito alarmante de usar as rotativas do banco central para sustentar a dívida (e a inflação). Mas compreendo as acusações dos "genuínos conservadores": como na história de Oscar Wilde, a economia britânica podia regressar ao mundo dos vivos depois do estado comatoso em que Thatcher encontrou o país em 1979; contudo o retrato da família conservadora desfigurava dentro do armário.

Voltarei a esse ponto crucial no penúltimo capítulo deste ensaio, no qual as relações tensas entre o *conservadorismo* e o *capitalismo* serão revisitadas. Por ora, importará apenas notar como Scruton ou Gilmour em nenhum momento parecem admitir, nem sequer como hipótese, que a abertura de Thatcher à "sociedade comercial" a colocava mais próxima de Burke do que os "genuínos conservadores" imaginavam. E que talvez fosse o Partido Conservador que, durante demasiado tempo, tivesse se afastado da matriz burkeana.

Será essa matriz que procurarei retomar nas páginas seguintes. Por dois motivos – um pessoal, outro substantivo.

De um ponto de vista pessoal, Edmund Burke foi objeto de estudo de minha tese de doutoramento,[12] o que desde logo constitui uma, digamos, "vantagem competitiva". Para relembrar as sábias palavras de Winston Churchill, talvez o segredo da longevidade esteja mesmo na poupança de energia. Ou, como ele também afirmava, para que estar de pé quando podemos estar sentados? E para que estar sentados quando podemos estar deitados?

Regressar a Burke permitiu-me navegar em águas familiares, não direi deitado, mas, pelo menos, confortavelmente sentado. Neste livro pude agora apresentar, de forma mais sistemática, alguns princípios que na tese eram apenas aflorados, ou enquadrados, no contexto específico do pluralismo político do autor, e que, até o momento, tinham conhecido apenas tratamentos dispersos em artigos variados,[13] sem o nível de unidade que se pretende aqui.

Burke é importante para a discussão conservadora, não apenas pela sua primazia cronológica, mas pela sua sobrevivência temporal. Ao partir de um acontecimento revolucionário (e traumático) na história moderna, ele foi capaz de legar alguns princípios gerais que, para usar a conhecida formulação conservadora, sobreviveram aos "testes do tempo". E, sobrevivendo, oferecem valiosos ensinamentos para o pensamento e para a ação política presentes. Como relembra David Willetts em *Modern Conservatism* [Conservadorismo moderno], aprender alguma coisa com uma tradição que foi capaz de evitar os males do radicalismo revolucionário ou do revanchismo reacionário – no fundo, uma tradição que pode se orgulhar de não ter sangue nas suas mãos – é tarefa altamente recomendável para todos os tempos e lugares.[14]

Não é ambição deste ensaio revisitar cada um desses princípios gerais do conservadorismo burkeano – tarefa que exigiria outra amplitude editorial. A ambição é mais modesta: procurar mostrar como, a partir de Burke, é possível construir uma *melodia conservadora contemporânea* em torno de conceitos como "imperfeição humana", "pluralismo", "tradição", "reforma" e "sociedade comercial". Isso significa que, daqui em diante, o termo "conservadorismo" estará indissociavelmente ligado ao conservadorismo de Burke, mesmo que integrando importantes contribuições de pensadores anteriores ou posteriores a ele (nem sempre conservadores).

Para regressar ao desolado rei, *ottantott* é um lugar distante. *Ottantanove* também. O conservadorismo, como ensina Michael Oakeshott em um ensaio que analisarei a seguir, deve começar pelo presente: pela fruição e conservação deste presente, ainda que o passado e o futuro se projetem aqui e agora.

Neste ano da graça de 2014, *quattordici* é uma boa palavra para o início de uma conversa.

A ideologia conservadora

Todos somos conservadores. Pelo menos, em relação ao que estimamos. Família, amores, amigos. Lugares, livros, memórias até. *Conservar* e *desfrutar* são dois verbos caros aos homens que ainda estimam alguma coisa. E, em alguns espíritos, esses verbos são conjugados com maior intensidade e frequência, a ponto de se transformarem na sua gramática essencial.

Eis os homens de *disposição* conservadora, para usar a eloquente formulação de Michael Oakeshott no clássico ensaio "On Being Conservative" [Sobre ser conservador] (1956). Antes de ser "ideologia" ou "doutrina", a intenção do autor é apresentar o conservadorismo como uma *disposição* – uma forma de ser e agir que levará o conservador a "usar e desfrutar aquilo que está disponível, em vez de desejar ou procurar outra coisa".[1] Naturalmente que o conservador sabe, ou pelo menos intui, que essa "outra coisa" pode ter virtudes apreciáveis. E, em teoria, é possível imaginar que tais virtudes possam suplantar os confortos do presente.

Um homem de disposição conservadora, porém, tenderá a valorizar primeiro esses confortos do presente. Não porque eles sejam superiores a uma alternativa hipotética, mas, precisamente, *porque eles não são uma alternativa hipotética.* São reais, tangíveis. Familiares. E a possibilidade de os perder em situações de mudança, e sobretudo de mudança violenta e repentina, afigura-se como uma privação fundamental. Para um conservador, só abraçam entusiasticamente a mudança, qualquer mudança, e consequentemente qualquer possibilidade de perda, "aqueles que são estranhos ao amor e ao afeto".[2] E conclui Oakeshott em passagem repetidamente glosada nos manuais do tema:

> Ser conservador, então, é preferir o familiar ao desconhecido, o testado ao nunca testado, o fato ao mistério, o atual ao possível, o limitado ao ilimitado, o próximo ao distante, o suficiente ao abundante, o conveniente ao perfeito, o riso presente à felicidade utópica.[3]

Essas conhecidas palavras de Oakeshott procuram recolher e sintetizar o que vários autores do cânone conservador já tinham articulado em obras de fôlego diverso. São incontáveis os tratados sobre o conservadorismo que, nas páginas iniciais, evitam com apreciável esforço a palavra "ideologia" e tudo o que ela parece significar: um sistema de valores ou princípios gerais que, na melhor tradição marxista, não deseja apenas interpretar o mundo, mas, sobretudo, transformá-lo.

Para Quintin Hogg, o conservadorismo é "uma força interior e constante"[4] da natureza humana. No mesmo sentido, Fossey John Cobb Hearnshaw apresenta o conservadorismo como "um temperamento".[5] Stanley Baldwin vai mais longe, falando de uma "fé", muito semelhante à fé religiosa,[6] uma caracterização que evita, providencialmente, qualquer análise racional do fenômeno. Para o escritor John Buchan, o conservadorismo é um "espírito";[7] ou, melhor ainda, um "instinto",[8] nas palavras de Walter Elliot. E Hugh Cecil, prenunciando a "disposição" de Oakeshott, entende que o conservadorismo seria mais bem entendido como "uma inclinação pura e natural da mente humana".[9]

Todas essas definições parecem apontar para o mesmo sentido: o conservadorismo apresenta uma dimensão existencial que é anterior, ou até superior, a qualquer ideologia política. Mais ainda: o conservadorismo *não é* uma ideologia, preferindo encontrar refúgio identitário em "forças interiores", "temperamentos", "fés", "espíritos", "instintos", "inclinações" – e, claro, "disposições". A fuga à ideologia é de tal forma generalizada e premente para essa longa galeria de conservadores – uma fuga que teria mesmo levado o primeiro-ministro britânico Salisbury a pensar em criminalizar todo tipo de pensamento abstrato[10] – que por vezes é impossível distinguir com alguma clareza a disposição conservadora do *conservadorismo político*.

A superior validade do ensaio de Oakeshott também reside aqui: na capacidade que o autor teve para operar essa sutil distinção. Tão sutil que ela nem sempre foi respeitada ou observada pelos próprios conservadores, para quem uma disposição conservadora chegava e sobrava para encerrar o debate.

Acontece que, por mais paradoxal que pareça, a disposição conservadora e o conservadorismo político nem sempre coexistem no mesmo indivíduo. E não é preciso apelar para nenhum tratado filosófico para comprovar essa sagaz observação. Basta olhar em volta. Basta olhar para o nosso "pequeno pelotão". Basta olhar para nós. Existem pessoas que, apesar de uma disposição conservadora, não subscrevem necessariamente uma preferência *política* pelo conservadorismo. E o inverso também sucede: pessoas de disposição mais radical nas suas personalíssimas condutas que, politicamente falando, subscrevem posições conservadoras. No último capítulo voltarei a essa distinção de Oakeshott, que será mais bem compreendida como conclusão lógica das páginas que a antecederam.

Por enquanto, importa apenas afirmar que este ensaio se ocupa do conservadorismo político, ou seja, da atuação política do agente conservador. E começar por definir essa atuação será reconhecer que, embora uma disposição conservadora nem sempre implique uma preferência pelo conservadorismo político, a verdade é que uma política conservadora tenderá a partilhar os traços característicos da disposição conservadora *tout court*. Tal como os homens de disposição conservadora, o conservadorismo político também transportará para a esfera da governança esse gosto pelo próximo, pelo suficiente, pelo conveniente – recusando a "felicidade utópica" que é típica da atitude revolucionária.

Uma disposição política conservadora, no entanto, não recusa apenas as ambições utópicas (e futuras) dos revolucionários. Ela permite, igualmente, distinguir o conservador da sua caricatura habitual: o *reacionário*. Nas palavras de Anthony Quinton, o reacionário não será mais do que um "revolucionário do avesso":[11] alguém interessado em efetuar um corte semelhante com o "riso presente", de forma a precipitar a sociedade, não para uma "felicidade utópica" futura, mas para uma "felicidade utópica" passada. No fundo, e como escreve Samuel Huntington em *Conservatism as an Ideology* [Conservadorismo como ideologia] (1957), um influente ensaio publicado nos Estados Unidos um ano depois do de Oakeshott:

> Não existe uma distinção válida entre "mudar para trás" e "mudar para a frente". Mudança é mudança; a história não se retrai nem se repete; e toda a mudança se afasta do *status quo*. À medida que o tempo passa, o ideal do reacionário distancia-se cada vez mais de qualquer sociedade real que tenha existido no passado. O passado é romantizado e, no fim, o reacionário acaba por defender o regresso a uma Idade de Ouro idealizada que nunca de fato existiu. Ele torna-se indistinguível de outros radicais, e normalmente exibe todas as características singulares da psicologia radical.[12]

As palavras de Huntington são importantes porque relembram uma verdade que os reacionários tendem a esquecer: a utopia, entendida como um estado de perfeição a ser construído por vontade dos homens, não é exclusivo dos revolucionários que eles tanto abominam. Histórica e conceptualmente, e tal como Isaiah Berlin deixou claro nos seus melhores textos, é possível encontrar radicais utópicos nos dois extremos do horizonte político. Historicamente, porque o pensamento utópico sempre projetou no passado ou no futuro a "solução final" para as iniquidades que afligem o presente.[13] E, conceptualmente, porque reacionários e revolucionários parecem atribuir às suas particulares utopias as mesmas feições exteriores: um mundo harmonioso, estático e onde os homens, porque dotados de uma natureza fixa e inalterável, desejam necessariamente as mesmas coisas.[14]

Um conservador tenderá a recusar essas fantasias, que partem de uma dupla falácia superiormente desmontada pelo referido Berlin: por um lado, a falácia de que os homens possuem uma natureza fixa e inalterável e que, por isso, desejam necessariamente as mesmas coisas; e, por outro lado, a falácia correspondente de que os valores mais caros à existência humana podem ser vivenciados na sua expressão máxima (a máxima liberdade, a máxima igualdade, a máxima fraternidade) sem possibilidade de conflito entre eles. Uma revisitação melancólica do tenebroso século XX é suficiente para contemplar as ruínas materiais e humanas que o pensamento utópico, porque montado nessa dupla falácia, acabou fatalmente por produzir.

O conservadorismo político recusa os apelos do pensamento utópico, venham eles de revolucionários ou reacionários. Mas o conservadorismo não se limita apenas a recusar esses apelos utópicos, que fazem da fuga para o futuro (ou para o passado) um programa de ação no momento presente. O conservadorismo, por entender o potencial de violência e desumanidade que a política utópica transporta, irá também reagir defensivamente a tais apelos – e "reagir" é a palavra crucial para entender o conservadorismo *como ideologia*.

Foi novamente Huntington quem melhor apresentou essa natureza *reativa* do conservadorismo como ideologia, mesmo sabendo que a palavra é um anátema para muitos conservadores. A multiplicação de "forças interiores", "temperamentos", "fés", "espíritos", "instintos" ou "inclinações" é a expressão mais evidente desse desconforto em perceber o conservadorismo como uma ideologia. Um desconforto que levou Friedrich Hayek, ironicamente tido hoje como um membro da família conservadora (sobretudo nos Estados Unidos), a explicar nas páginas finais do seu magistral estudo *The Constitution of Liberty* [A constituição da liberdade] (1960) por que motivo *não* era um conservador. E a recusa de Hayek em se sentir parte do clube liga-se, entre outras razões, ao fato de o conservadorismo ser, pelo menos aos olhos do ilustre economista, uma ideologia destituída de "princípios motrizes capazes de influenciar desenvolvimentos a longo prazo".[15] É exatamente por isso, acusa Hayek, que o conservador "teme novas ideias porque não tem princípios distintivos próprios para se opor a elas".[16]

Ora, a importância pioneira do ensaio de Huntington está na defesa explícita de que o conservadorismo *também é uma ideologia*, mesmo se admitindo que o conservadorismo não apresenta esse "ideal substantivo"[17] e que não é possível encontrar na história das ideias uma "utopia conservadora"[18] propriamente dita. Só que, para ele, essa ausência de uma cartilha *a priori* (e de "conservadores utópicos" dispostos a lutar e até a morrer por ela), para além de ser uma virtude *em si mesma*, revela também o *tipo* de ideologia que o conservadorismo será: uma ideologia que, ao contrário das rivais, tenderá apenas a emergir quando "os fundamentos da sociedade são ameaçados".[19]

Essa natureza vigilante e reativa será mais facilmente apreensível quando confrontarmos a ideologia conservadora com as restantes. "Os ideais das ideologias não conservadoras", escreve o autor, "mudam de pensador para pensador e de geração para geração, mas as suas características fundamentais permanecem as mesmas: a atribuição de valor a formulações teoricamente definidas e o julgamento da realidade existente de acordo com essas formulações".[20]

De fato, e deixando de lado os casos extremos das ideologias radicais, como o comunismo ou o fascismo, mesmo ideologias não radicais como o liberalismo ou o socialismo democrático parecem comungar desta observação de Huntington: um liberal ou um socialista democrático poderão alinhavar, sem grande dificuldade, os princípios que orientam as suas ideias ou ações políticas, independentemente do contexto em que elas se inscrevem. A defesa da liberdade ou da igualdade será tão relevante para um liberal ou para um socialista democrático do século XIX como será para um liberal ou para um socialista democrático do século XXI. O liberalismo e o socialismo democrático, apesar das suas múltiplas roupagens temporais ou espaciais, são capazes de partilhar um ideário que lhes confere uma reconhecível identidade. E, pela mesma ordem de ideias, uma sociedade será tão mais desejável quanto maior for a liberdade (para um liberal) ou a igualdade (para um socialista democrático) nela existentes.

Isso não parece acontecer na ideologia conservadora. "O conservadorismo é uma ideologia posicional", explica Huntington, na medida em que procura "enfrentar uma necessidade histórica específica". Consequentemente, "quando essa necessidade desaparece, a filosofia conservadora submerge".[21]

Enganam-se assim os que pensam que o conservadorismo não é uma ideologia. Para Huntington, esse engano recorrente só poderá ser explicado se partirmos do pressuposto de que todas as ideologias têm de ser obrigatoriamente "ideologias ideacionais",[22] ou seja, ideologias que procuram cumprir em sociedade um programa ou um ideário políticos. O fato de o conservadorismo, pela sua natureza *reativa* e *posicional*, não ser uma ideologia ideacional não significa que ele não é também uma ideologia.

O conservadorismo poderá ser assim apresentado como uma "ideologia de emergência" – e no duplo sentido da expressão: porque emerge em face de uma ameaça específica de caráter radical; e porque o faz quando essa ameaça põe em risco os fundamentos institucionais da sociedade. Quando, na sua autobiografia intelectual, o filósofo Roger Scruton confessa que se descobriu conservador ao confrontar-se com a insurreição de Maio de 1968, em Paris,[23] ele apenas retomava um velho cardápio iniciado por Burke no fim do século XVIII, e também a propósito de um acontecimento francês (*et pour cause*...): a Revolução de 1789. Será perante a Revolução que o parlamentar irlandês irá elaborar a suprema defesa conservadora. Não em nome do passado ou do futuro – mas em nome do *presente* da civilização europeia e, em particular, da própria estabilidade política do Reino Unido.

As *Reflexões sobre a Revolução na França* serão escritas em 1789 e publicadas no ano seguinte – antes de os jacobinos começarem a guilhotinar os seus inimigos, reais ou imaginários, com assombrosa industriosidade. Mas Burke vislumbrou nos princípios dos revolucionários o germe de abuso e violência que eles inevitavelmente plantariam na França. A Revolução lançava-se na busca de uma perfeição terrena por meios exclusivamente humanos; tratava-se, conforme ele a designou, de uma "revolução filosófica",[24] em que os revolucionários, alicerçados em doutrinas políticas abstratas sobre os "direitos do homem", encaravam a comunidade como se esta fosse uma *carte blanche*[25] para as suas visões da perfeição.

A reação de Burke – a reação conservadora de Burke – começa assim por se apresentar contra a radicalidade de quem procura destruir o presente para inscrever, sobre as suas ruínas, novas formas de organização política. Uma atitude revolucionária, e não apenas reformista, que convidaria sempre a renovados atos de destruição. Quando está em causa a perfeição da humanidade, faz parte do processo revolucionário não questionar a desmesura dos meios e a ferocidade com que eles são aplicados. O prêmio final é demasiado precioso para inspirar condutas de moderação. E, além disso, "os meios criminosos, uma vez tolerados, são rapidamente os preferidos".[26] Nas suas *Reflexões*, Burke antecipava a lógica sinistra dessa violência "necessária" e "purificadora" que os movimentos totalitários do século XX levariam a outros extremos de desumanidade.

O conservadorismo pode ser encarado, portanto, como uma ideologia. Mas não será uma ideologia *ideacional* e *ativa*, como as restantes. Aceitando como princípio de análise a proposta de Huntington, o conservadorismo será antes uma ideologia *posicional* e *reativa*: é perante uma ameaça concreta aos fundamentos institucionais da sociedade que a ideologia conservadora desperta, reage e se define.

Imperfeição humana

Todos somos conservadores, repito. Mas, pela mesma ordem de ideias, todos podemos ser criaturas reativas, que acordam do seu sono profundo sempre que uma ameaça ronda as nossas instituições e os nossos valores mais preciosos. "Reagir", por si só, significa pouco, embora seja o primeiro passo para defender o que se encontra sob ameaça.

Existe, porém, um segundo passo a que Huntington não concede a atenção devida: saber *como* reage o conservador e, sobretudo, *em nome de que* será tão importante quanto reafirmar a singularidade teórica do conservadorismo como ideologia posicional. Conforme acertadamente defende Scruton, a ausência de "políticas conservadoras" *a priori* não equivale a uma correspondente ausência de "pensamento conservador" sobre políticas concretas que podem (e devem) ser seguidas *em concreto*.[1] A reação conservadora, longe de ser apenas uma expressão primitiva de medo e repúdio em face da inovação revolucionária (ou reacionária), será informada por certos princípios gerais que determinam o tipo de reação conservadora.

Em *The Politics of Imperfection*, Anthony Quinton identificou nas páginas inaugurais o primeiro princípio estrutural do conservadorismo – a *imperfeição humana* –, analisando em seguida as duas correntes que terão emergido dessa mesma fonte. Uma primeira corrente, de cariz religioso, que se limita a reafirmar a imperfeição do homem depois da Queda; e uma segunda corrente, que prefere ressaltar a imperfeição *intelectual* que marca indelevelmente a nossa espécie.

O presente ensaio não é uma dissertação teológica – e também por isso convém deixar qualquer interpretação sobre o pecado original e suas consequências para os teólogos. Não apenas porque eles parecem mais bem preparados para lidar com tais assuntos, mas sobretudo porque não é necessário apelar para a Cidade Celeste de forma a explicar as imperfeições da terrestre. O que existe cá embaixo chega e sobra para definir os limites epistemológicos dos seres humanos. São esses limites que, segundo Quinton, desautorizam "projetos de mudança grandiosos e abstratos levados a cabo por pensadores isolados das realidades práticas da vida política".[2]

Somos imperfeitos, *intelectualmente* imperfeitos, não porque tenhamos nascido livres e nos encontremos aprisionados em toda parte (a célebre proclamação de Jean-Jacques Rousseau que não é mais do que uma corruptela bíblica sobre a queda do homem), mas porque a complexidade dos fenômenos sociais não pode ser abarcada, muito menos radicalmente transformada rumo à perfeição, por matéria tão precária.

Não se pretende com isso dizer que a ideologia conservadora nega a possibilidade de melhoria das condições terrenas – isso seria, no mínimo, historicamente obtuso. Porque a crítica conservadora não poderá ser confundida com uma crítica antirracional. O problema, para o conservador, não reside no papel insubstituível da razão como instrumento de qualquer conhecimento válido e consequente. Como avisa Oakeshott, a crítica conservadora lidará não com a razão, mas com o *racionalismo*, entendido como uma subversão da razão. Ou, talvez de forma mais precisa, com a ambição desmedida de atribuir à razão a tarefa hercúlea de construir e reconstruir a sociedade humana de forma radical e perfeita.[3] Não é a razão *per se* que inspira a crítica conservadora; é, tão só, a arrogância do racionalismo moderno e a sua ideia nefasta de "possibilidade infinita"[4] na condução racional dos assuntos humanos.

Essa importante distinção será mais facilmente compreensível se regressarmos ao lugar de todos os crimes – a Revolução Francesa de 1789 –, bem como aos seus opositores e defensores coevos. Sobretudo aos escritos de Burke e James Mackintosh (1765-1832), um jovem autor que, antes de reconhecer a validade da crítica antirrevolucionária do autor de *Reflexões sobre a Revolução na França* (um reconhecimento tardio que seria também partilhado por Coleridge ou Wordsworth), começou numa fase inicial por ser um dos mais vigorosos críticos do parlamentar irlandês. Para Mackintosh, Burke exibira nas *Reflexões* uma incomportável antipatia à razão, recusando a esta qualquer papel na atividade política *racional*. Ora, para Mackintosh, e tal como o autor afirma na sua *Vindiciae Gallicae* (1791), "é absurdo esperar, mas não é absurdo procurar a perfeição".[5] E, em tal quimera, a razão terá o papel central na medida em que "a geometria, podemos justamente dizer, tem a mesma relação para a mecânica que o raciocínio abstrato para a política".[6]

Eis a posição que Burke não poderia aceitar. Não apenas porque a função da política não é responder às perguntas dos metafísicos (uma certeira observação de Scruton),[7] mas sobretudo porque não é possível reduzir os problemas de uma comunidade a simples equações ou postulados que a razão acabaria por resolver por si só.

Esse, aliás, é o problema epistemológico central do racionalismo moderno, tal como o denuncia Oakeshott: a defesa apaixonada de que o único tipo de conhecimento válido é o "conhecimento técnico", ou o conhecimento de uma técnica, capaz de oferecer aos homens um grau de certeza (e de pureza) que o "conhecimento prático" (ou tradicional) não comporta.[8] Foi essa confiança cega na "teoria", e apenas na "teoria", que levou Alexis de Tocqueville (1805-1859) a denunciar nas páginas de *O Antigo Regime e a Revolução* (1856) a criminosa ambição dos revolucionários de fazerem uma Constituição de acordo com as regras da lógica – e não com a observação, a prudência e a experiência, que são virtudes insubstituíveis do exercício político.[9] Aqui residia o problema fundacional da Revolução Francesa: confundir a política com um cálculo matemático; e os seres humanos de uma comunidade real com enunciados de uma mera equação. Tudo em nome de um estado perfeito que, obviamente, existia apenas na cabeça dos filósofos.

Trata-se, no fundo, de uma grotesca caricatura sobre a complexidade da realidade política, própria de quem se deixa embriagar pela "filosofia da vaidade"[10] – a vaidade do otimismo racionalista. É pela recusa de uma tal caricatura que o pensamento conservador procura recentrar a discussão política na imperfeição intelectual dos seres humanos.

Uma imperfeição que tende a operar-se em dois níveis, conforme defende Robert Merton em ensaio clássico sobre as consequências imprevistas da ação social.[11] Em primeiro lugar, essa imperfeição humana começa por revelar-se nas óbvias limitações epistemológicas do agente político, que muitas vezes erra na análise da situação que se lhe apresenta; ou na escolha do melhor curso de ação a seguir; ou na forma como executa essa ação[12] – as margens de erro são várias e lidam com a vida de seres humanos concretos, não com simplificações numéricas ou abstratas.

Sabemos menos do que pensamos, e erramos mais do que devemos, começa por relembrar o conservador. Ou, como escreve Burke em carta a Pierre-Marie, Chevalier de Grave, ministro da Guerra francês por um breve período em 1792, antes do clássico exílio na Inglaterra: “Sabe pouco da humanidade aquele que não concede um desconto à nossa comum e inevitável fraqueza”.[13]

Mas a nossa imperfeição intelectual não se refere apenas às limitações epistemológicas de quem não se julga um ser onisciente, que olha para a realidade terrena *sub specie aeternitatis*. O mesmo Merton fala ainda de “consequências fortuitas”[14] na ação social, ou seja, de consequências que escapam ao agente no momento em que este decide atuar politicamente. Essas “consequências fortuitas” referem-se não ao conhecimento que possuímos – mas ao conhecimento que *não* possuímos porque *não* o podemos obter antecipadamente. E que pode subverter de forma trágica as mais nobres intenções primevas.

No fundo, Merton revisita no seu ensaio as duas questões centrais que Burke formulara na sua carta ao amigo francês Charles-Jean-François Depont, um jovem membro da Assembleia Nacional que esperava encontrar em Burke um *compagnon de route* no entusiasmo pela revolução parisiense. A carta de Burke, que será expandida com outro dramatismo e violência nas *Reflexões* propriamente ditas, começa por questionar diretamente o interlocutor francês sobre as imperfeições intelectuais dos homens na busca quimérica e incontrolada de um estado de perfeição terrena. Serão os homens capazes de atingi-lo? E, mesmo que o fossem, como garantir que existe uma ligação direta entre aquilo que se deseja, por mais nobre que seja, e aquilo que se obtém no final? Não haverá sempre a possibilidade de um lamentável abismo entre as (melhores) intenções e as (piores) conclusões?[15] Os ensaios modernos de lorde Quinton e de Merton limitam-se a reproduzir, em linguagem mais sistemática, o que Burke plasmara na sua informalidade epistolar.

Burke, entretanto, não se restringiu a questionar; também julgou por bem responder. Se os homens são intelectualmente imperfeitos, então espera-se de um estadista que ele possa exibir certas virtudes que estão ausentes nas condutas dos revolucionários. "Humildade" e "prudência" serão assim o contrário da "arrogância" e da "imprudência" com que a França abismara o mundo.

E com a defesa de tais virtudes não se pretende sustentar que a posição conservadora remete toda e qualquer ação humana para o inevitável fracasso. O *ceticismo* conservador não é uma forma de *fatalismo* – nem, a rigor, de *pessimismo*. O filósofo John Kekes é meritório ao estabelecer a distinção entre "o que *vai* acontecer" e "o que *pode* acontecer" na ação política.[16] Ao alertar para a imperfeição intelectual humana, a posição conservadora deve ser entendida como um apelo de quem relembra a segunda formulação de Kekes: há consequências imprevistas (e imprevisíveis) que podem ser indesejadas (e indesejáveis). Naturalmente que algumas dessas consequências até podem ser benignas (Kieron O'Hara, socorrendo-se recentemente dos ensinamentos do economista Douglass North, recorda que a complexidade das sociedades modernas acabará por implicar que os resultados indesejados existirão *concomitantemente* com os desenvolvimentos positivos).[17] Porém a atenção conservadora se centrará nos primeiros por entender que a política não é um jogo de cassino em que se aposta livremente "a essência e o sangue dos outros". E conclui Burke:

> Não posso elogiar aquele bem especulativo que será produzido com uma boa dose de mal. Eu penso que é possível que planos que oneram a geração presente em nome do enriquecimento do futuro podem produzir o que almejam, mas também podem falhar, e o mal é certo.[18]

O reconhecimento da imperfeição intelectual humana convida assim o agente conservador para uma conduta humilde e prudente que recusa a política utópica. E essa recusa não é apenas dirigida ao pensamento revolucionário. Para um conservador será dificilmente compreensível, para não dizer aceitável, a posição cara a Joseph de Maistre de que os verdadeiros legisladores atuam segundo um "poder indefinível"[19] ou apenas por "instinto", e que dessa atividade pulsional e criativa emerge "uma certa força moral que dobra as vontades como o vento dobra uma seara".[20] Os excessos da razão, dirá um conservador, são tão perniciosos quanto a sua ausência. Atuar politicamente será sempre atuar escolhendo a *via media* entre os extremos – uma caminhada em que o estadista, precisamente para não ceder aos apelos ilusórios do radicalismo racionalista (ou irracionalista), avança sempre "sensível à sua própria cegueira" e, ainda segundo Burke, com um apurado "sentido da sua própria fraqueza".[21]

Mas avançará – e avançará *racionalmente*. O que implica afirmar que o conhecimento imprescindível para qualquer agente político será um conhecimento apropriado para a natureza da sua função. Para regressar a Oakeshott, trata-se de um "conhecimento prático" que terá em conta o inescapável papel das tradições e das *circunstâncias*.

O sentido da realidade

Na história das grandes frases do século XX, é justo reconhecer que Winston Churchill (1874-1965) ocupa um dos lugares mais altos. Mas existe uma frase do primeiro-ministro britânico que nem sempre tem merecido a atenção devida: "Por mais absorto que um general esteja na elaboração das suas estratégias, às vezes é importante levar em consideração o inimigo".[1] A sentença merece ser recordada, não apenas pelo seu evidente humor (ao qual a expressão "às vezes" confere um delicioso tempero), mas porque resume, em breves linhas, o que este capítulo procurará fazer em vários parágrafos: defender a importância das *circunstâncias* na conduta do agente político conservador.

Conforme se viu anteriormente a partir do ensaio de Samuel Huntington, o conservadorismo apresenta-se como uma ideologia posicional: ele necessita de uma ameaça concreta para se articular como ideologia. Mas as circunstâncias não despertam apenas a reação conservadora. São também elas que determinam o *tipo* de resposta a ser articulado perante a ameaça – e é precisamente esse duplo papel das circunstâncias que singulariza a ideologia conservadora relativamente às propostas ideológicas rivais, das mais extremas às mais moderadas.

Em face das ideologias mais extremas, uma dupla atenção às circunstâncias começa por desautorizar esse violento repúdio ao presente que parece definir a teoria e a prática de revolucionários ou reacionários. Não é pela recusa das circunstâncias, antes pela sua observação atenta, que o conservadorismo começará por se afirmar como ideologia.

De igual forma, o pensamento conservador distingue-se também de outras ideologias mais moderadas que se apresentam com um ideário a cumprir, de forma transtemporal e transespacial, independentemente das condições ou exigências da sociedade atual. Uma sociedade que continuamente alargue o espaço onde cada um possa atuar sem a coerção intencional de terceiros (para usar a clássica definição de "liberdade negativa" em Isaiah Berlin) ou uma sociedade que seja capaz de uma distribuição mais equitativa dos recursos disponíveis estarão sempre entre os objetivos de um liberal clássico ou um liberal "progressista" –, para evitar o termo "socialista" de que muitos deles fogem com apreciável esforço. Como defende Huntington, a valorização (ou não) da sociedade dependerá da proximidade (ou da distância) que esta apresentará em relação ao ideário que dá forma ao pensamento liberal ou "progressista".[2]

O conservadorismo, ao admitir-se como uma ideologia posicional, assumirá desde logo a importância das circunstâncias como base de qualquer atuação política consequente e prudente. São as circunstâncias que rodeiam o agente a informar o tipo de ação a seguir. Nas palavras de Burke, "as circunstâncias dão a cada princípio político a sua cor distinta e efeito discriminatório".[3] Em política, não caberá ao estadista aplicar sobre a sociedade um programa elaborado *em abstrato*, por mais perfeito ou intelectualmente substancial que ele seja. Desde logo, e uma vez mais relembrando Burke, porque "nada de universal pode ser racionalmente afirmado sobre qualquer assunto moral ou político".[4]

De um estadista espera-se, em primeiro lugar, que ele conheça as circunstâncias nas quais se inscreve a possibilidade de ação política. São elas que apontam para a desejabilidade (ou não) de determinados cursos de ação. Conforme escreveu Berlin, ao defender o "sentido da realidade" que deve presidir à atuação política – essa capacidade para entender a realidade *tal como ela é* e não como *deveria ser* à luz dos nossos projetos, desejos ou sentimentos particulares[5] –, o estadista "realista" não surge perante a comunidade "possuído pelo seu brilhante e coerente sonho"[6] e interessado em submeter todos a esse sonho, que para muitos poderá transfigurar-se em pesadelo. De um estadista espera-se, antes, que ele seja capaz de captar as "permanentemente mutáveis cores dos acontecimentos e os sentimentos e as atividades humanas":[7] é essa capacidade para valorizar a *singularidade* que determinará a natureza *singular* da sua ação.

Foi essa particular sensibilidade em relação às circunstâncias que legou ao pensamento conservador a sua recorrente (e por vezes impressionante) maleabilidade ao longo da história. Burke vislumbrou na Revolução Francesa o seu caráter perfectibilista e destrutivo (ou, melhor ainda, *destrutivo porque perfectibilista*); mas esse foi o mesmo Burke para quem a Revolução Gloriosa de 1688, na Inglaterra, fora uma "convulsão momentânea" (e necessária) para corrigir uma "doença momentânea":[8] o absolutismo régio de Jaime II, afastado do trono pelos partidários de William de Orange, futuro William III. A Revolução Gloriosa de 1688, para Burke, não fora propriamente uma revolução efetuada, mas evitada: o afastamento do monarca operou-se, não para destruir a Constituição estabelecida, mas precisamente para evitar essa destruição.[9]

Cada situação, cada circunstância, convida a uma resposta particular. No século XIX, Disraeli foi também capaz de identificar (e suprimir) o fosso político potencialmente perigoso entre as classes trabalhadoras e a aristocracia, alargando o direito de voto às primeiras (com o informalmente designado *Reform Act*, de 1867) e garantindo até mesmo direitos trabalhistas (a legalização de sindicatos, o direito à greve etc.), que seriam anátema para a rigidez de algum pensamento conservador da Europa continental. Não admira que, como afirma Viereck em análise certeira dos governos de Disraeli, o conservadorismo britânico se orgulha por adotar inovações de esquerda quando elas mostram a sua validade perante os testes da experiência e as necessidades do momento.[10]

Aliás, é possível ir mais longe: um dos motivos pelos quais a Inglaterra foi poupada às convulsões revolucionárias modernas que se verificaram do outro lado do Canal da Mancha encontra-se, precisamente, nessa recusa de certa "rigidez programática" pela observação humilde das necessidades *reais* de uma comunidade *real*. "Quando desejardes agradar a qualquer povo", escreveu Burke a esse respeito, "deveis dar-lhe o benefício que ele pede – não aquilo que pensais que é melhor para ele."[11] Curiosamente, essas palavras conciliatórias foram proferidas no contexto da "questão americana", procurando convencer George III a abandonar a pretensão da metrópole – uma pretensão contra toda a lógica e toda a tradição – em cobrar impostos nas colônias. A intransigência do rei em olhar para as *circunstâncias* da "questão americana" acabaria por levar, como se sabe, à guerra e ao nascimento de uma nova nação.

A "maleabilidade" conservadora na atenção às circunstâncias será a expressão mais evidente do seu pluralismo político. E não deixa de ser estranho que na velha Europa (e até na velha Inglaterra) essa dimensão crucial do pensamento conservador tenha sido aparentemente esquecida – e que pertença a John Kekes, um americano, o mérito de ter relembrado a incontornável dimensão pluralista de que o conservadorismo pode e deve se orgulhar.

Contrariamente ao que sucede com ideologias rivais, que, embora possam reconhecer a multiplicidade e a conflitualidade de valores concorrentes em política, consideram sempre que podem ser "resolvidas" pela aplicação de um valor ou de um conjunto de valores que terão prioridade sobre os restantes, em *A Case for Conservatism* [Uma defesa para o conservadorismo] (1998) – seguramente um dos mais importantes livros sobre o conservadorismo moderno publicados nos últimos anos –, Kekes defende o contrário: um conservador *pluralista* tenderá sempre a negar a prioridade a um único valor ou a um conjunto de valores sobre os demais. A liberdade ou a igualdade podem ter essa prioridade *consoante as circunstâncias*. O conservadorismo entende que uma comunidade pode abraçar determinados valores – valores distintos, nem sempre compatíveis entre si e muitas vezes *incomensuráveis,* como diria Berlin –, admitindo, porém, que outras comunidades podem abraçar outros valores. O estadista prudente é aquele que começa por reconhecer a verdade do pluralismo, ou seja, a natureza circunstancial e condicional de valores múltiplos e rivais em determinadas circunstâncias.

Pela mesma ordem de ideias, não é função do estadista conceder a determinados valores, sempre e em qualquer contexto, primazia sobre os restantes. Um conservador entende que a realidade é sempre mais complexa, e mais diversa, que a simplificação apaziguadora das cartilhas ideológicas. Uma vez afastada a "falácia agregadora"[12] de que fala Scruton (a falácia de que todos os valores – "liberdade, igualdade, fraternidade" – serão combináveis na sua expressão máxima), ao estadista cabe a função mais modesta de *escolher* e *equilibrar* valores múltiplos e concorrentes. "Seja a liberdade, seja a igualdade, elas estão entre os fins prioritários perseguidos pelos seres humanos ao longo de muitos séculos", escreveu Berlin. Para logo depois avisar: "Mas a total liberdade para os lobos é a morte dos cordeiros".[13]

Acreditar num valor político dogmático, que deve ter sempre prioridade sobre os restantes e deve consequentemente ser potencializado na sua expressão máxima, não é apenas acreditar (erroneamente) na "falácia agregadora" que o pluralismo desautoriza. É acreditar (uma vez mais, erroneamente) que a política se exerce sobre realidades imutáveis e estanques, que em nada influenciam ou determinam a arte de governar. A defesa de uma hierarquia rígida de valores como base do pensamento e da ação políticos parece ser assim insustentável, tendo em conta a natureza evolutiva e plural de qualquer comunidade humana. Conforme relembra Scruton, perguntar qual a melhor forma de governo *em abstrato* convida sempre à atitude do ateniense Sólon, que devolveu a pergunta com novas perguntas: "Governo *para quem*? E *em que tempo*?".[14]

Naturalmente que a "maleabilidade" da posição conservadora (e pluralista) poderá abrir-se à crítica recorrente de que o conservadorismo não será mais do que uma forma de relativismo cultural e até ético: se o conservador afirma a existência de uma multiplicidade de valores, que serão hierarquizados por sociedades particulares sem que exista um valor ou um conjunto de valores que se considerem sempre prioritários em relação aos demais, isto determinará a impossibilidade de tecermos comparações ou mesmo juízos críticos sobre determinadas sociedades, que escolheram *aqueles* valores porque dessa forma determinaram as suas relativas condições.

Leo Strauss foi particularmente sensível a essa "fraqueza" conservadora – ou, para usar a sua linguagem, à "fraqueza" da chamada "escola histórica", segundo a qual "todo pensamento humano é histórico" e, consequentemente, "incapaz de captar algo de eterno".[15] O que inquieta Strauss é que a "escola histórica", na crítica contundente às doutrinas de direito natural que teriam dado origem à própria Revolução Francesa, acabou por resvalar para o extremo oposto: para a defesa de uma "infinda variedade de noções de direito e justiça"[16] que mudam ao sabor dos tempos. O problema político dessa forma de relativismo é que os seres humanos deixam de contar com "a única base sólida de todos os esforços para transcender o atual".[17] Sem essa "base sólida", e sem a possibilidade de "transcender o atual" pela vinculação a princípios imutáveis que não dependem das circunstâncias *relativas* de um tempo e de um espaço, os homens estão condenados a habitar (mas não a julgar ou a recusar) a "ordem social que o destino lhes reservou",[18] por mais iníqua ou desumana que tal ordem seja. E conclui Strauss nas páginas de *Natural Right and History* [Direito natural e história]:

> A história enquanto história parece apresentar-nos o espetáculo deprimente de uma vergonhosa variedade de pensamentos e crenças e, acima de tudo, do desaparecimento de cada pensamento ou crença alguma vez detido pelos homens. Parece mostrar que todo pensamento humano depende de contextos históricos únicos que são precedidos por contextos mais ou menos distintos e que emergem dos seus antecedentes de um modo fundamentalmente imprevisível: os fundamentos do pensamento humano são estabelecidos por experiências ou decisões imprevisíveis. Uma vez que todo pensamento humano radica em situações históricas específicas, esse pensamento está condenado a perecer com a situação a que pertence e a ser suplantado por novos e imprevisíveis pensamentos.[19]

Reconhecendo a pertinência da crítica de Strauss, o conservadorismo tenderá, porém, a refutar essa extremada interpretação relativista. Porque existe uma distinção crucial entre a afirmação de que sociedades distintas se organizam distintamente (o que parece ser uma evidência empírica que qualquer pessoa racional aceita e subscreve) e a afirmação radicalmente diferente de que algumas sociedades, para não dizer *todas*, podem viver e sobreviver dispensando certos valores básicos e fundacionais.

Na gramática conservadora, esses valores básicos e fundacionais conheceram diferentes formulações. Burke, profundamente influenciado pelo Adam Smith da *Teoria dos sentimentos morais* (1759), chama-os "sentimentos naturais"[20] – e naturais porque brotam, segundo Burke, da nossa natureza comum sempre que nos confrontamos com situações de justiça ou iniquidade. "Uma Providência gentil fez repousar sobre o nosso peito um ódio à injustiça e à crueldade", escreve ele, "de forma a que possamos preservar-nos da crueldade e da injustiça".[21] É por isso que a crítica à Revolução Francesa, para Burke, começa por ser uma crítica *natural* e *sentimental*: evocando o célebre monólogo de lady Macbeth na peça de Shakespeare, ele acusa os revolucionários de terem suspendido "as compungidas visitas da Natureza"[22] de forma a poderem cumprir os seus intentos malévolos. Aliás, foi pela capacidade inumana de terem "suspendido" esses "sentimentos naturais" que os revolucionários puderam cometer todos os crimes sobre os seus semelhantes sem o mais leve sobressalto da consciência. Se Burke pertence à "escola histórica" que tanto horroriza Strauss, a verdade é que o parlamentar irlandês nunca desprezou um sentido moral mínimo para "transcender o atual" – e para o julgar e condenar *moralmente*.

E o mesmo sucede na tradição conservadora posterior a Burke: o apelo a essa dimensão primordial da nossa comum humanidade é feito de forma recorrente por vários autores, com maior ou menor grau de sofisticação sistemática. Hugh Cecil falará das "obrigações da justiça";[23] Quintin Hogg, das "decências fundamentais da vida".[24] Todas essas formulações parecem identificar um mesmo ponto: existem "valores primários", para usar a designação expressiva de Kekes no referido *A Case for Conservatism*, que nós reconhecemos como tais, isto é, "valores universais e objetivos requeridos por todas as vidas boas".[25] Esses "valores primários" não apenas se apresentam como a base moral de qualquer sociedade civilizada; eles são a condição para a existência de um universo pluralista e das escolhas necessárias que o agente político poderá efetuar. Nenhuma sociedade se poderá reclamar como civilizada se, anteriormente a qualquer escolha relativa, não existirem valores mínimos que tornem, desde logo, essa escolha possível.

E esses valores mínimos – ou "primários", na terminologia de Kekes – decorrem de uma concepção universal de natureza humana que indicará não aquilo que os indivíduos devem fazer, mas o que eles *não devem nem podem* fazer.[26]

O filósofo Christopher Berry, que dedicou ao tema um tratado específico, é claro sobre esse ponto:

> Acreditar na natureza humana é acreditar que a humanidade possui alguns atributos comuns. Esses atributos não podem ser entendidos como "extras opcionais", mas como pertencentes ao homem enquanto homem. São universais no sentido de que tais atributos serão encontrados quando e onde os seres humanos são encontrados.[27]

Daqui decorrerá, logicamente, que existirão danos fundamentais – ou, como Kekes os designa, "males primários" – que não estão sujeitos às inevitáveis variações culturais que se observam entre sociedades. Como escreve o autor, "as vidas boas dependem da satisfação de necessidades fisiológicas, psicológicas e sociais básicas: de nutrição, abrigo e todo o resto; de companhia, autorrespeito, e da esperança de uma vida boa e melhor". E conclui:

> A satisfação dessas necessidades é uma exigência universal e objetiva de todas as vidas boas, independentemente do contexto social em que elas são vividas. Se os arranjos políticos de uma sociedade promovem essa satisfação, isso é uma razão para os ter e conservar; se os arranjos políticos limitam essa satisfação, isso é uma razão para os reformar.[28]

No mesmo sentido, Kieron O'Hara relembra-nos como a injustiça, o crime, a guerra civil, a pobreza – todos esses males – são objetivos, e não relativos, porque reconhecíveis e reconhecidos como males por qualquer sociedade.[29] E quando eles ocorrem perante os nossos olhos, é *natural* que "males primários" despertem o nosso "desgosto moral".[30] Trata-se de um sentimento de injustiça que é assim reconhecido *imediatamente, instintivamente, naturalmente.* E, como defende Scruton, esse é um sentimento que não pode ser eliminado por nenhum poder despótico, nem por nenhum processo de "reeducação". "O melhor que um déspota consegue fazer", conclui, "é evitar a sua expressão em público."[31]

O conservadorismo como ideologia pluralista reconhecerá, assim, a imperiosa necessidade de "valores primários": linhas morais mínimas que uma sociedade civilizada *não deve* cruzar (não por acaso, Berlin prefere designá-las como "fronteiras de humanidade").[32] Só que a política conservadora seria uma proposta demasiado frágil se apenas se guiasse por uma concepção negativa da sua própria atividade. É importante evitar certos males; mas é também importante *conservar* e *perseguir* o que Kekes designa por "valores secundários": valores que expressam a forma como diferentes sociedades vivem e se organizam em busca de fins particulares.

A função do estadista, abstendo-se de acrescentar à lista de "males primários" alguns males da sua lavra, passa em seguida por identificar os "valores secundários" que são úteis para a comunidade *hoje*. Em política, não existem rotas traçadas *a priori* porque a atividade política é ela própria o processo contínuo que permite a definição de uma rota em consonância com as necessidades da comunidade.

Mas não só: o fato de não existir uma rota para a navegação política não significa que não haja também uma tradição capaz de informar a rota da navegação presente. Roger Scruton é particularmente enfático sobre esse ponto:

> Os políticos podem ter objetivos e ambições para os povos que eles procuram governar. Mas uma sociedade é mais do que um organismo mudo. Ela tem personalidade e vontade. A sua história, as suas instituições e a sua cultura são repositórios de valores humanos.[33]

Procurar impor sobre a comunidade um programa elaborado *a priori* sem ouvir antes o que ela tem para nos dizer – o que ela necessita *agora* mas também o que ela foi continuamente preservando e valorizando ao longo de gerações[34] – é quebrar o elo fundamental de confiança que deve existir e presidir a relação entre governantes e governados. Uma vez mais, vale a pena citar Scruton com alguma extensão:

> Propor uma receita antes do entendimento é um gesto sentimental: implica olhar para a sociedade como uma desculpa para a emoção política... De forma a evitar o sentimentalismo temos que reconhecer que a sociedade também tem uma vontade e que uma pessoa racional tem que estar aberta à sua persuasão. Esta vontade encontra-se, para o conservador, plasmada na história, nas tradições, na cultura e no preconceito.[35]

"História", "tradição", "cultura", "preconceito": veremos a seguir o que significam esses quatro cavaleiros do apocalipse progressista e que papel eles representam na conduta política conservadora e *racional*.

Os testes do tempo

Converteu-se em clichê a ideia risível de que os conservadores vivem agarrados às suas "tradições". O conservador, nessa visão caricatural, surge medrosamente apegado a velhos costumes ou instituições pelo medo instintivo de os perder ou substituir por outros. Perante esse quadro fóbico, o conservadorismo, mais do que um caso político, seria, sobretudo, um caso clínico.

É um fato que o conservador tem uma sensibilidade apurada, ou pelo menos mais apurada do que os seus rivais ideológicos, para situações de mudança repentina, em que a possibilidade de perda é maior. Como afirma Oakeshott, que dedicou algumas das suas melhores páginas ao dano potencial que as "inovações" em política transportam, só aqueles que nada estimam podem abraçar entusiasticamente a mudança, qualquer mudança, em qualquer circunstância.[1] Mas será apenas por isso, por esse temor da perda, que os conservadores valorizam as tradições que sobreviveram aos diferentes "testes do tempo"?

A resposta está contida na própria pergunta: eles valorizam as tradições, pois estas, justamente, sobreviveram aos "testes do tempo". E essa sobrevivência começa por revelar a qualidade e a validade dessas mesmas tradições, o que recomenda a sua proteção *presente*. A atitude do conservador será assim distinta da atitude que Burke detectou nos revolucionários franceses, para quem a duração das tradições e das instituições não era motivo suficiente para preservá-las. "A duração não é valiosa para aqueles que pensam que pouco ou nada foi feito antes do seu tempo."[2] Pelo contrário: a antiguidade dessas tradições e instituições era um motivo suplementar para que elas fossem inapelavelmente destruídas.[3] Como se essa antiguidade fosse expressão de um defeito intrínseco.

"Antiguidade", "duração": eis as palavras que o conservador valoriza. E são inúmeros os autores que, sobre o conservadorismo, estabelecem comparações entre a sobrevivência das tradições em sociedade e a teoria darwinista em que os seres mais adaptáveis sobrevivem à seleção natural.[4] Existe alguma verdade na comparação, e essa verdade começa por refutar aqueles que questionam a emergência espontânea das tradições em sociedade. Conforme sustenta Scruton, parece existir no moderno pensamento liberal a ideia radical de que todas as tradições são "invenções" e que, consequentemente, as tradições "inventadas" (ou, para retomarmos o paralelismo evolucionista, "selecionadas" pela vontade humana) podem ser "reinventadas", substituídas ou pura e simplesmente destruídas.[5]

Trata-se de uma visão demasiado estreita do que significa a palavra "tradição" num contexto político. É evidente que muitas "tradições" – Scruton dá como exemplos a dança escocesa ou certos códigos de vestuário – são tradições no sentido prosaico do termo, assim criadas e mantidas por comunidades particulares: alguém pensou em iniciar um ritual, e esse ritual foi continuado pelos que vieram a seguir por razões práticas ou lúdicas. Mas as "tradições" que importam a um conservador não são apenas as que resultam ou resultaram de um ato consciente de criação humana. As tradições mais profundas foram emergindo naturalmente, o que significa que elas foram sobrevivendo naturalmente porque sucessivas gerações encontraram nelas vantagens que aconselharam a sua manutenção. Elas devem ser protegidas não apenas porque são nossas (como um relógio do avô) ou porque são um produto da nossa vontade manifesta (como a referida dança escocesa). As tradições não são relíquias que guardamos na gaveta por mero gosto estético ou simples idiossincrasia pessoal. Elas são nossas porque se *tornaram* nossas. E o fato de continuamente as termos considerado vantajosas e valiosas permitiu que as legássemos de geração em geração como se fossem uma herança coletiva. Ao serem úteis e benignas *para nós*, é razoável pensar que elas também o serão para aqueles que virão *depois de nós*.

Tal como defende Kekes, o conservadorismo não conserva tudo. Apenas os arranjos tradicionais conducentes a uma vida melhor.[6] Obviamente que, nessa atitude, o conservador sabe que nem todos, no tempo presente, podem desfrutar desses arranjos – o conservador não é um personagem de Voltaire, acreditando que vive no melhor dos mundos possíveis. Atento como poucos às circunstâncias que rodeiam a sua conduta, e sobretudo àquelas que são potencialmente disruptoras ou revolucionárias, o conservador não é estranho a situações de pobreza e exclusão que impedem muitos seres humanos de beneficiar do patrimônio moral e institucional de uma sociedade. Porém, retomando o argumento de Kekes, a única forma de estender futuramente esse patrimônio aos mais desfavorecidos não significa, logicamente, destruí-lo.[7] Significa, antes pelo contrário, preservá-lo (e, como veremos no próximo capítulo, às vezes reformá-lo) de modo que as gerações vindouras possam ter "uma casa, e não uma ruína".[8]

Partindo desse imperativo de conservação de princípios ou instituições que se consideram importantes para a comunidade presente, o conservador vai retirar das tradições os seus ensinamentos fundamentais. Em primeiro lugar, as tradições começam por ter uma função educacional evidente. Para usar a linguagem inconfundivelmente poética de Oakeshott, são as tradições de uma comunidade que permitem ao indivíduo, isoladamente considerado, entrar na "grande conversa da humanidade". As tradições fornecem aos indivíduos a gramática básica dessa conversa, impedindo que estes se tornem, nas palavras de Burke, meras "moscas de um verão":[9] existências breves, desgarradas e desabitadas de qualquer referência social, cultural ou moral. Um conservador entende que nascemos, crescemos e atuamos no interior de uma tradição, embora alguns dos nossos comportamentos ou crenças sejam (ou pareçam) espontâneos e avessos a racionalizações permanentes. Aliás, melhor que assim seja, que cada membro de uma sociedade transporte em si a "segunda natureza" que lhe foi naturalmente conferida por essa mesma sociedade sem nenhum esforço permanente de avaliação crítica e autocrítica.[10] Como afirmaria Burke, são as tradições que cobrem a "natureza nua" dos indivíduos com as vestes do costume e do hábito.[11]

E será com esses trajes que os indivíduos participam na "conversa" social – que não é apenas feita no tempo presente, com as ambições, as perplexidades e os desejos desse tempo presente. Como relembra ainda Oakeshott, a "grande conversa da humanidade" é um processo em que existem e coexistem três tempos: o passado, o presente e o futuro.[12] O que significa que: ao indivíduo cabe receber o que foi preservado; desfrutar dessa herança como fiel depositário; e passá-la às gerações vindouras em uma cadeia que se percebe como invisível e interminável.

De fato, não existe ensaio sobre as ideias políticas conservadoras que não apresente a dada altura uma das passagens mais conhecidas e reconhecidas das *Reflexões sobre a Revolução na França*. Trata-se do momento em que Burke se refere à sociedade política como um "contrato". No entanto, o autor se apressa a especificar de que "contrato" se trata: não de um contrato de natureza comercial, que pode ser dissolvido pela mera vontade das partes. E não será também um "contrato" no sentido político (e contratualista) moderno, entendido como vínculo conscientemente estabelecido entre governantes e governados que funcionará como base da atuação política legítima. Para Burke, a sociedade será antes um contrato "entre os vivos, os mortos e os que estão para nascer".[13]

Uma tal formulação sobre a natureza "contratual" da sociedade política sempre se prestou às mais diversas interpretações – e perplexidades. Estaria Burke, em posição macabra, a convocar os mortos para nos governarem a partir da sepultura?

Thomas Paine, em *Rights of Man* [Direitos do homem] (1791-1792), dirá explicitamente que sim. Burke atribui aos mortos uma funérea ascendência sobre os vivos. E não existe nada de mais intolerável do que conceder a fantasmas o papel decisório fundamental de uma comunidade política. Para Paine, cada geração *presente* é apenas responsável perante a si própria, dispensando a autoridade dos mortos – "a mais ridícula e insolente de todas as tiranias".[14] No fundo, Paine reatualiza a posição sustentada um século antes por John Locke sobre a "razoabilidade do cristianismo": se existe pecado original, esse pecado começou (e, para Locke, terminou) com os atos de Adão no Paraíso e sua posterior expulsão. Não cabe à humanidade que veio a seguir carregar as iniquidades de um único homem. Os presentes são tão livres de pecado como os ausentes e os que ainda não nasceram.[15]

Não se pode deixar de ver na crítica de Paine a Burke o virtuosismo literário que o autor emprestava a todos os seus textos. Pena que ele tenha interpretado Burke de uma forma excessivamente literal. Porque, em nenhum momento das *Reflexões sobre a Revolução na França*, Burke concede aos mortos essa dogmática ascendência sobre os vivos. Sua intenção foi, antes, alargar os horizontes limitados do estadista presente, alertando-o para a sua circunstancial pequenez humana. Escutar os mortos, ou pensar nos que estão para nascer, começará por relembrar aos vivos a sua natureza transitória num mundo que não lhes pertence, exceto por empréstimo. Os mortos, tal como os escravos do imperador Marco Aurélio, também nos segredam ao ouvido a nossa própria condição mortal. Somos "inquilinos temporários" de um mundo de "inquilinos temporários". É por estar consciente de sua transitoriedade que o agente político precisa atuar sem caprichos momentâneos, recusando o papel de "legislador da humanidade". O estadista nunca atua sobre uma tela em branco, nem a sociedade se apresenta como tal, despojada de valores ou tradições que são anteriores a nós e que vão sobreviver a nós.

Podemos recusar todo esse patrimônio; podemos até nos rebelar contra ele (e haverá "circunstâncias" excepcionais em que isso não apenas será necessário como salutar). Porém, não podemos agir como se as tradições não existissem, a menos que sejamos orgulhosamente ignorantes (e arrogantes). Evocando T. S. Eliot – sintomaticamente um dos grandes modernistas da literatura do nosso tempo –, *il miglor fabbro* será aquele que, aceitando ou recusando a tradição, escreve ainda os seus versos com a plena consciência de que repousa sobre os seus ombros toda a poesia desde Homero.[16]

No entanto, as tradições de uma sociedade não têm apenas um papel educacional. Para um conservador, elas são valiosas porque terão um papel epistemológico (e político) fundamental, pois se apresentam como "o banco geral e o capital das nações e das eras",[17] capazes de oferecer ao estadista recursos valiosos para a condução de uma comunidade política.

Se o conservador recusa uma cartilha *a priori* que indique com precisão mecânica o caminho que devemos seguir, isso não significa que não existe um caminho a seguir. Mas esse caminho, para além de sinalizado pelas "circunstâncias" e necessidades presentes, deve ser igualmente trilhado à luz das tradições – esse "fluxo de simpatia"[18] em que o agente recolhe os elementos necessários para a continuidade da sua viagem.

São essas informações que permitem aos homens "sabedoria sem reflexão"[19] – uma forma de designar os *preconceitos* que todos temos e de que todos precisamos.

O tempo atual não foi brando com certos termos da gramática conservadora – e "preconceito" é um deles. Ter "preconceitos" é hoje o supremo crime, sobretudo quando a "filosofia da vaidade" – o epíteto com que Burke brinda o sentimentalismo de Rousseau – aconselha os homens a se apresentarem sem preconceitos, num estado de pureza original que provavelmente só existiria no tempo das cavernas. Ironicamente, essa é uma hipótese que coloca os mais radicais progressistas no mesmo patamar a-histórico dos mais radicais reacionários.

Acontece que os "preconceitos" que interessam a um conservador não podem ser entendidos, ou confundidos, com meras ideias irracionais sobre determinados comportamentos, minorias ou indivíduos – o sentido atual e rasteiro do termo. Se todas as palavras também têm uma tradição, importa recordar que "preconceito" deve ser entendido no sentido clássico, ou seja, como *praejudicium* – um precedente ou um julgamento baseado em decisões ou experiências passadas que, pela sua validade comprovada, informam decisões ou experiências presentes e futuras.[20] Será essa dimensão de "preconceito" que interessa a um conservador: o tempo trouxe até ele princípios ou instituições que sobreviveram aos "testes do tempo"; essa sobrevivência cria uma razão favorável à manutenção e conservação de tais princípios ou instituições. E será a eles que devemos recorrer como se recorre a ensinamentos válidos e testados. Ou, melhor dizendo, *válidos porque testados*.

Assim se entende como a função das tradições não se esgota no processo educacional que elas oferecem. Existe também o que Kekes designa como "a dimensão valorativa de uma tradição moral" – uma dimensão que nasce da profunda familiaridade que se estabelece entre os seres humanos e a sua cultura.[21] Será essa familiaridade que permitirá ao estadista conservador, na formulação de Oakeshott, "fazer um amigo de cada ocasião hostil".[22] Porque são as tradições que evitam que o agente, "no momento da decisão", se encontre "cético, confuso e indeciso".[23]

Por último, as tradições não se limitam a oferecer esses instrumentos de resolução política. Como se verá no próximo capítulo, elas são também o ponto de partida para qualquer atitude reformista. Invertendo a conhecida máxima de Burke, uma sociedade incapaz de conservar é uma sociedade incapaz de se reformar.

A reforma prudente

"Para que mudar, se as coisas já estão tão ruins?" A piada é conhecida e, no seu exagero, pretende expressar a ideia de que o conservador não se distingue do imobilista, resistindo estoicamente à mudança, a qualquer uma, por temer as suas consequências nocivas.

Aliás, a piada não apresenta apenas o conservador como um imobilista. Vai mais longe e apresenta-o como um imobilista *fatalista* e *pessimista*: qualquer mudança, mesmo que estimável *em teoria*, não apenas não resolve o problema com o qual o estadista se confronta como, pior ainda, acabará *fatalmente* por agravá-lo. De onde se conclui que a inação será sempre preferível a qualquer ação inevitavelmente destrutiva.

Como piada, a pergunta diverte. Porém não deixa de ser inquietante a forma como ela conheceu um tratamento acadêmico respeitável, embora sem o humor original. Albert Hirschman (1915- 2012) ocupa, nessa matéria, um lugar destacado, e a obra *The Rhetoric of Reaction* [A retórica da reação], um clássico da sociologia política, é o produto final de quem levou demasiado longe uma caricatura. Para Hirschman, o pensamento conservador, que o autor também radica na posição antirrevolucionária de Burke e seus herdeiros, parece sofrer de três maleitas – "três teses reacionárias", para usar a sua linguagem – que o definem ao longo de mais de dois séculos.

A primeira dessas teses é designada por Hirschman como a "tese perversa": para um conservador, os resultados obtidos pela ação revolucionária (mas também reformista) acabarão sempre por gerar *perversamente* o oposto dos objetivos que se propunham alcançar. A busca por liberdade só trará *perversamente* servidão; a busca pela igualdade só trará *perversamente* desigualdade; a busca de fraternidade só trará *perversamente* egoísmo e violência.[1] Hirschman poderia reformular a piada: "Para que mudar se os resultados serão perversamente contrários às melhores intenções do agente?".

Mas o conservadorismo não se limita a declarar qualquer ação política, qualquer mudança política, como "perversa". A ação será também "fútil", dirá Hirschman em nome dos conservadores. As mudanças, para um conservador, serão apenas "superficiais" (mudanças de fachada, digamos), na medida em que as estruturas mais profundas da sociedade permanecerão intocadas.[2] "Para que mudar, se as coisas ficarão sempre como estão ou são?", eis a adaptação possível da piada para a "tese fútil" de Hirschman.

Last but not least, o conservadorismo partilha ainda um terceiro vício – ou uma terceira tese: a chamada "tese ameaçadora". Para um conservador, o preço da mudança será sempre demasiado elevado ao pôr em risco ganhos ou feitos prévios (e preciosos).[3] É a única variação substancial à piada com que se abriu o presente capítulo. A questão já não será: "Para que mudar se as coisas estão tão ruins", mas antes: "Para que mudar se as coisas *não* estão tão ruins?".

Não vale a pena perder muito tempo com as análises de Hirschman, que constituem uma contradição evidente: se o conservador, como ele sustenta, entende as mudanças como irremediavelmente fúteis pela incapacidade (e superficialidade) de alterar o que um marxista designaria como a "superestrutura" de uma sociedade, não se entende por que motivo essas mudanças serão igualmente "perversas" ou "ameaçadoras". A mudança pode ser "fútil" ou, em alternativa, "perversa" e "ameaçadora": a primeira anula as segundas, ou vice-versa.

Mais ainda: partilhando do delicioso espírito conspirativo de Hirschman, seria legítimo suspeitar que o conservador apoiaria sempre as reformas "superficiais" de forma a defender os seus interesses mais obscuros e profundos. Essa é a tese de Corey Robin, que em libelo recente *contra* a "mente reacionária" afirma que o que interessa a um conservador (que Corey, sem surpresa, confunde com um reacionário) seria fazer suas as palavras do príncipe de Lampedusa e mudar tudo para que tudo continue do mesmo jeito.[4]

Hirschman constrói uma caricatura sobre uma caricatura. Em relação à "tese perversa", creio que já ficou bem claro como a revalorização das "consequências fortuitas" não equivale à afirmação de que tudo resultará necessariamente no seu contrário. Aquilo que é fortuito implica *indeterminação*: os resultados de qualquer mudança apresentam sempre uma margem de imponderabilidade que tanto pode frustrar o agente, como contentá-lo muito para além das suas melhores intenções originais. Como afirma o sempre estimável (e hoje esquecido) H. B. Acton, há acasos felizes: a viagem de Colombo é apenas um exemplo.[5] Se, como sustenta Hirschman, o conservador fosse "perverso", defendendo que toda mudança está irremediavelmente condenada ao fracasso, então, sim, o conservadorismo seria indistinguível de outras ideologias rivais (e racionalistas), que defendem com preocupante otimismo que tudo está condenado ao sucesso desde que os homens tragam os problemas da sociedade perante o tribunal último de uma razão "clara e distinta". Porém, essa é uma interpretação de Hirschman que o conservadorismo aqui versado explicitamente rejeita.

Entretanto, não é apenas a "tese perversa" que se apresenta como uma caricatura de uma caricatura. As outras duas também o serão, ao aconselharem a inação política como a única forma de ação política, seja porque as mudanças são "fúteis", seja porque elas se apresentam como "ameaçadoras".

Trata-se de uma caricatura, desde logo, porque a ideologia conservadora tende sempre a olhar para a sociedade como um organismo vivo. E, conforme lembra Anthony Quinton sobre esse princípio organicista, um "organismo vivo" é, pela sua própria definição, dotado de vida própria, ou seja, de evolução e transformação.[6] Pretender reverter essa evolução e transformação, como se isso fosse possível ou até desejável, seria não apenas uma quimera lunática, própria de lunáticos, e por isso destinada ao fracasso. Pior que isso, seria um esforço conducente ao tipo de sociedades totalitárias em que o século XX foi tristemente pródigo: sociedades em que o poder político teria que limitar, ou até determinar, o comportamento de *todos* os seus membros. Como lembra Noël O'Sullivan, se a caricatura imobilista fosse para levar a sério, a única sociedade ideal para um conservador seria a vida das cavernas,[7] partindo do pressuposto de que as cavernas não seriam já uma corrupção evidente de um estado ainda mais primitivo e impermeável a qualquer mudança. Para um reacionário (mas não para um conservador), é sempre possível recuar até o primeiro hominídeo.

Mas as caricaturas não param por aqui. Porque existe uma outra sobre o conservador como imobilista, segundo a qual ele teme a mudança por ver em qualquer mudança uma ameaça potencial às suas tradições mais preciosas. Creio que ficou claro no capítulo anterior que a adesão ao "tradicionalismo", outro dos princípios fundamentais do conservadorismo,[8] longe de ser uma atitude típica de antiquário, é antes uma adesão perfeitamente racional por se vislumbrar na tradição um relevante papel educacional, epistemológico e político que seria um erro desprezar.

É possível afirmar algo mais: se a tradição desautorizasse a mudança e a reforma, seria preciso perguntar *sobre o que* se empreende uma reforma.

A questão já foi respondida, e brilhantemente respondida, por Benjamin Disraeli. Reconhecendo que a mudança é inevitável em qualquer sociedade composta por seres vivos, Disraeli afirma que ela não deve proceder de doutrinas gerais ou princípios abstratos (e arbitrários). As mudanças devem fazer-se por referência (e em deferência) "às maneiras, aos costumes, às leis, às tradições de um povo".[9]

Em outras palavras: a reforma não só não exclui a tradição como *exige* uma tradição, entendida como ponto de partida para qualquer ação reformista. Reformamos o que existe e, mais importante ainda, reformamos *porque algo existe* e *porque algo chegou até nós*. Tal como defende Karl Popper, as tradições são a base de qualquer atuação política porque elas oferecem ao agente "algo sobre o qual podemos operar" e "algo que podemos criticar e mudar".[10] No fundo, Popper reatualiza o que Burke afirmara duzentos anos antes, quando este definiu a política como um exercício em que é preciso respeitar "um princípio seguro de conservação e um princípio seguro de transmissão, sem excluir um princípio de melhoria".[11] Conservação, transmissão, melhoria: a ordem dos fatores não é arbitrária.

E foi precisamente essa dimensão tradicional da reforma que Viereck detectou na própria gênese dos Estados Unidos. Chamando a si a tarefa ingrata de cartografar o "conservadorismo americano" – e ingrata porque, à primeira vista, um país privado de uma aristocracia autóctone e que nasceu num contexto revolucionário não seria o candidato mais óbvio para figurar no *cursus honorum* da ideologia conservadora –, Viereck discorda daqueles que explicam o conservadorismo político segundo uma "teoria aristocrática", ou seja, como uma ideologia de reação "das classes feudo-aristocrático-agrárias contra a Revolução Francesa, o liberalismo e a ascensão da burguesia em finais do século XVIII e durante a primeira metade do século XIX".[12]

Por mais paradoxal que pareça, a Revolução Americana é apresentada por Viereck como uma "revolução conservadora":

quando os colonos começaram a exigir não serem taxados por um Parlamento no qual não se encontravam representados (o célebre bordão "*no taxation without representation*"), eles não estavam apelando para doutrinas abstratas, como aconteceria alguns anos mais tarde em Paris. Apenas se limitavam a reivindicar "liberdades e privilégios" constitucionalmente estabelecidos na metrópole e que o rei George III suspendera de forma arbitrária. Ora, é essa atitude conservadora de se apelar para a constituição estabelecida que, segundo Viereck, melhor distingue a Revolução Americana de outras revoluções posteriores, cujo radicalismo apontava para a criação de novas liberdades e de uma nova ordem. Os colonos, pelo contrário, apelavam para a *conservação* das velhas liberdades e da velha ordem. Será também por isso que, ainda de acordo com Viereck, não apenas os Estados Unidos têm um *pedigree* conservador, que acabaria por desaguar na feitura de uma Constituição e de um país, como esses pergaminhos são anteriores a Burke e às suas *Reflexões sobre a Revolução na França*.[13]

Sem pretender questionar a interpretação de Viereck sobre a gênese conservadora dos Estados Unidos – com a qual, escusado será dizer, concordo plenamente –, parece-me justo corrigir o seu entusiasmo para sustentar que a primazia teórica na interpretação conservadora da Revolução Americana pertence, uma vez mais, a Burke. Aliás, é possível mesmo defender que a interpretação de Viereck sobre a Revolução Americana se aproxima claramente da interpretação feita à época por Burke sobre o mesmo acontecimento. Para este, governar a América não passava pela imposição de "ideias abstratas de direitos" nem de "teorias gerais de governança". O trato com a colônia deveria atender à sua "natureza" e "circunstância".[14] Quer dizer: "Se ela tem matéria tributável, que possa cobrar os seus impostos".[15] Será apenas perante a impossibilidade de qualquer reconciliação entre Londres e Filadélfia que Burke entenderá a independência dos Estados Unidos como o menor de todos os males, sobretudo quando o conflito era entendido pelo autor como uma guerra civil entre irmãos. Aqueles que acusam Burke de ter atraiçoado a sua defesa dos colonos norte-americanos com a crítica à Revolução Francesa, de duas, uma: ou não entenderam o caráter geneticamente conservador da Revolução Americana, ou não entenderam o caráter radicalmente novo da Revolução Francesa.

As tradições são o ponto de partida de qualquer ação reformista consequente e prudente. Mas é possível também afirmar que a reforma é, ela própria, um importante mecanismo de conservação. "Um estado sem a possibilidade de alguma mudança é incapaz de se conservar",[16] dirá Burke em uma das suas proclamações mais conhecidas. A reforma é necessária para se preservar (e melhorar) o que se encontra em risco – um imperativo que devia ter sido acautelado na França *pré*-revolucionária. Utilizando com maestria as metáforas arquitetônicas que são recorrentes ao longo das *Reflexões*, o país é apresentado como um velho edifício de paredes degradadas. Mas o estado do edifício não justificava a sua demolição pura e simples; exigia, pelo contrário, reparar essas paredes, mantendo o edifício de acordo com a sua velha forma.[17] Foi por terem recusado a reforma que os franceses se condenaram, e condenaram a Europa à revolução.

Trata-se de uma observação sagaz que sublinha, uma vez mais, a importância preventiva da reforma para que se evitem situações potencialmente revolucionárias. Como lembra Kekes, a reforma não é apenas mais um princípio banal da gramática conservadora; ela será especialmente relevante para um conservador avesso ao radicalismo político e às situações extremas que o alimentam. Porque não basta conservar as condições morais e institucionais que se consideram relevantes para o prosseguimento de vidas boas. É importante estender *quantitativamente* essas condições, de forma a evitar que um elevado número de indivíduos atue radicalmente porque nada tem a perder e tudo tem a ganhar.[18] "Para que possamos amar o nosso país", escreveu Burke, "o nosso país deve ser amável."[19] Uma recomendação conservadora que, infelizmente, muitos conservadores foram perdendo pelo caminho.

O conservadorismo político surge assim indissociável de uma ideia de reforma. Mas não de uma ideia qualquer de reforma, como se o mero ato de mudar fosse suficiente, ou até positivo, em si mesmo. Oakeshott estabelece uma distinção relevante – embora, como se verá a seguir, não inteiramente original – entre inovações (ou reformas) que são exógenas ao conservador; e inovações (ou reformas) que o conservador entende empreender por considerá-las necessárias para a manutenção de princípios ou instituições relevantes para a comunidade.

Sobre as mudanças exógenas, o conservador deve ter em conta que a inovação traz sempre uma perda inevitável e um ganho possível, o que significa que cabe a quem propõe a referida mudança mostrar claramente as vantagens da inovação sobre as certezas da tradição.[20] No fundo, Oakeshott repete o que Burke afirmara em *An Appeal from the New to the Old Whigs* [Um apelo do Novo aos Velhos Whigs], um texto que deve ser lido como complementar das *Reflexões*:

> O ônus da prova repousa pesadamente sobre aqueles que desfazem o enquadramento e a textura do seu país, de modo a que não encontrem outra forma de estabelecer um governo talhado para os seus fins racionais que não passe por meios desfavoráveis a toda a felicidade presente de milhões de pessoas, e à total ruína de várias centenas de milhar. Em seus arranjos políticos, os homens não têm o direito de colocar o bem-estar da atual geração totalmente fora de questão. Talvez o único imperativo moral com alguma certeza que repousa nas nossas mãos seja cuidar do nosso próprio tempo.[21]

As mudanças, entretanto, não são apenas exógenas; existem mudanças endógenas empreendidas pelo conservador que, segundo Oakeshott, devem obedecer a certos critérios operativos. A inovação deve partir de uma situação concreta, não de mero desejo abstrato. Deve ser uma resposta a um defeito preciso. Deve ser pequena e parcelar. Deve operar-se lentamente e ser acompanhada passo a passo. E deve ser limitada à parte que se encontra em falta, de forma a minorar as consequências indesejadas e incontroladas que podem emergir da ação reformista.[22] Uma vez mais, Oakeshott repete quase *ipsis verbis* o que Burke escrevera séculos antes ao estabelecer quais os princípios reformistas que devem ser observados pelo agente conservador.

O primeiro desses princípios convidará o estadista a fazer uma distinção, nem sempre fácil, entre as imperfeições toleráveis e as imperfeições intoleráveis para o "edifício" que se procura conservar. O estadista deve distinguir "coisas acidentais de causas permanentes", na medida em que nem todas as "irregularidades" constituem um "desvio total" no curso da ação política.[23] Para um agente conservador, é tão importante saber reformar (e o que reformar) como saber *não* reformar (e o que *não* reformar).

Mas a reforma conservadora não se limita a essa distinção. Tal como Oakeshott relembra, a reforma não procede de doutrinas abstratas que exigem aplicação direta sobre a comunidade estabelecida. "A ciência de construir uma comunidade, ou de renová-la, ou de reformá-la", já avisara Burke, "é, como qualquer outra ciência experimental, algo que não pode ser ensinado *a priori*."[24] Para voltar a águas já conhecidas, são as "circunstâncias" que determinam a natureza da ação reformista – uma ação que não apenas procurará responder a um problema *específico* como se fará por referência a uma tradição *específica*. O político conservador, antes de reformar, deve "ver" com os seus próprios olhos, "tocar" com as suas próprias mãos. E acrescenta Burke:

> Eu tenho que olhar para todas as ajudas e todos os obstáculos. Eu tenho que encontrar os meios de corrigir o plano, onde esses corretivos são necessários. Eu tenho que ver as coisas; eu tenho que ver os homens.[25]

A reforma, contudo, não deve apenas partir das "circunstâncias" presentes ou passadas de determinada comunidade. A reforma conservadora, até pelo que já foi exposto, deve ser atempada, feita a tempo de evitar situações revolucionárias, que são o contrário de uma reforma prudente. As reformas atempadas, conforme escreveu Burke, são feitas "com o sangue frio", e não precipitadas por "estados de inflamação"[26] típicos da mentalidade revolucionária e destrutiva.

Além disso, cabe ao agente político reformista e conservador proceder à distinção criteriosa entre o que deve ser reformado e o que deve ser preservado. Trata-se de um critério que, uma vez mais, reforça a natureza reativa da ideologia conservadora: ao estadista exige-se uma atitude vigilante que seja capaz de separar o todo da parte em falta, *reformando-se a parte em falta sem alterar a substância do todo*. A reforma, especifica Burke, deve ser aplicada "à parte que produziu o necessário desvio". E quando se opera a mudança, é imperioso evitar "a decomposição de toda a massa política e civil", própria de quem pretende arrogantemente gerar "uma nova ordem civil a partir dos primeiros elementos da sociedade".[27]

A reforma conservadora efetua-se através de ajustamentos e reajustamentos – engenharias "parcelares", como as chamaria posteriormente Karl Popper[28] –, o que significa que ela se fará passo a passo, e por vezes erro a erro, de forma a que se possam avaliar no prazo devido as consequências mais tangíveis de cada ação reformista *antes* de se avançar para uma nova ação do mesmo tipo. Como diria Hugh Cecil no seu breve tratado sobre essa matéria, só quando a reforma é feita passo a passo é possível afastar todos os medos que habitam o desconhecido.[29] Afastar e, acrescento eu, *emendar*.

Por último, e não menos importante, a ação reformista de um agente político conservador será sempre inseparável da consciência que ele terá do seu próprio conhecimento imperfeito – ou, para regressar ao início deste ensaio, da sua própria *imperfeição intelectual*. Uma tal asserção não deve ser vista como um convite ao imobilismo político – esse vício que, como diria Mary Wollstonecraft, transforma o ato de governar numa constante "inatividade gelada".[30] Trata-se, apenas, de um convite à humildade política, e à humildade em política, o que permitirá afastar do horizonte da espécie humana qualquer ambição perfectibilista ou utópica. Melhoramos o que podemos. Mas, retomando Burke, é importante também que cada reforma presente possa deixar espaço para novas e melhores reformas futuras.[31]

A “sociedade comercial”

Para alguns espíritos, nada será mais estranho do que analisar as difíceis relações entre o conservadorismo e o capitalismo. Se, na imaginação simples dos simples, a direita olha para o mercado com devoção e zelo, onde estão os problemas de convivência, afinal? A ideia do mercado livre como ameaça para a virtude dos homens e para a ordem social onde eles vivem e trabalham é um adágio exclusivo da esquerda, não da direita. A direita nunca vislumbrou no capitalismo o tipo de vícios desumanos que a esquerda se especializou em detectar e denunciar.

Acontece que, para espanto desses mesmos espíritos, seria possível escrever um longo manual anticapitalista só com autores conservadores e suas proclamações contra a "sociedade comercial" (a feliz expressão de Adam Smith que passarei a utilizar a partir de agora). Para uma parte substancial do pensamento conservador, a "sociedade comercial" começa por revelar as suas lamentáveis feições ao reduzir as relações pessoais a critérios meramente "economicistas" de ganhos e perdas, sem que haja outras considerações – mais nobres, mais autênticas, mais *incorrompidas* – construindo tais relações. Porque a "sociedade comercial" tende a corromper a alma humana, dirá um autor canônico como Thomas Carlyle: a adoração do "*cash-payment*" apenas gera hostilidade e desunião entre os homens.[1] O que permite imaginar, ainda nos passos de Carlyle, que talvez tenha existido um tempo, antes da emergência da "sociedade comercial", em que a humanidade vivia num estado de amor permanente pelo próximo, indiferente aos encantos destrutivos do dinheiro.

O livre-comércio, em suma, só consegue produzir uma sociedade de "filisteus" – um termo que, não à toa, tanto o conservador Matthew Arnold como o patriarca Karl Marx pediram de empréstimo a Heinrich Heine.[2] E o fizeram para designar o mesmo problema: a lamentável mentalidade comercial e industrial das novas classes médias emergentes, tiranizadas por um amor à riqueza material que implicava um rebaixamento da dignidade básica (e fraternal) da natureza humana.

Entretanto, a acusação conservadora à "sociedade comercial" não se limita aos perniciosos efeitos que o livre-comércio exerce sobre a alma dos homens. A existência do livre-comércio cria tensões e disrupções na sociedade tradicional, acarretando permanentes mudanças que colocam em risco princípios ou instituições que, apesar de terem sobrevivido aos "testes do tempo", podem não resistir às "destruições criativas" de que a sociedade comercial é tão pródiga.

O caso de Justus Möser (1720-1794), justamente lembrado por Jerry Muller em *The Mind and the Market*, é um dos exemplos mais expressivos desse temor tradicionalista e organicista, sobretudo quando temos em conta a centralidade de Möser no pensamento conservador da Europa continental. Para Möser, o livre-comércio, para além dos seus vícios intrinsecamente imorais, era também entendido como um perigo político, ao colocar em risco uma sociedade tradicional que se desejava preservar na sua quietude (quase) medieval. A fluidez das relações comerciais e a abertura ao mundo que elas implicam surgiam assim como uma ameaça a tradições e modos de vida estabelecidos que um conservador valoriza (e protege) acima de tudo.[3]

Não será portanto de admirar que, perante um histórico tão assustadiço, as preocupações tradicionalistas, organicistas e obviamente moralistas tenham emergido uma vez mais durante os anos do governo de Margaret Thatcher no Reino Unido (1979-1990). De acordo com a narrativa de muitos conservadores, Thatcher trouxe para o conservadorismo tal zelo ideológico em defesa do livre-comércio – um "maoísmo de direita",[4] para usar a simpática expressão de John Gray – que difícil se torna ver no Partido Conservador da primeira-ministra qualquer semelhança com os líderes conservadores que a antecederam. Desde logo, porque Thatcher parece reunir as duas dimensões pecaminosas que o livre-comércio inflige aos seres humanos e às suas comunidades.

De um ponto de vista moral, e seguindo a violenta crítica de Ian Gilmour, o "filistinismo" de Thatcher reduzia a governança de um país a meras contas de supermercado[5] – uma acusação particularmente insultuosa quando se sabe que Thatcher era filha de um comerciante de Grantham, no condado de Lincolnshire. Incapaz de vislumbrar nas relações humanas um propósito mais elevado do que a rasteira contabilidade de um merceeiro, ela comungaria dos mesmos vícios que Carlyle já denunciara nas suas diatribes contra "o evangelho da ganância".

Thatcher, porém, não representava apenas uma ameaça moral para os seus contemporâneos. O perigo era também político, na medida em que a premiê britânica abraçava o que John Gray designou como "um regime de mudança incessante e de revolução permanente" que apenas destruía o laço tradicional e histórico que confere um sentido identitário a comunidades há muito estabelecidas.[6]

Não cabe aqui fazer uma análise pormenorizada dos governos de Margaret Thatcher; muito menos uma aferição teórica minuciosa sobre a imperdoável traição que ela teria cometido sobre o patrimônio da família conservadora. Não apenas porque essa tarefa já foi empreendida por autores mais competentes na matéria,[7] mas sobretudo porque as acusações a Thatcher, que se cristalizaram na ignorância do tempo, partem de um equívoco monumental: o de se acreditar que, na história do Partido Conservador, a "sociedade comercial" sempre foi olhada com patológica desconfiança e que as mais vociferantes vozes conservadoras contra o livre-comércio representam todo o conservadorismo na sua pureza virginal. Ao pretender "delimitar as fronteiras do Estado", Thatcher estaria a cometer, segundo Gilmour, Gray ou mesmo Scruton antes da sua edificante experiência com as economias planificadas do Leste Europeu, um crime de lesa-majestade.

Infelizmente, para Gilmour e *tutti quanti*, o crime de "delimitar as fronteiras do Estado" era, em essência, a história do Partido Conservador desde o século XIX, ainda que essa história tenha sido momentaneamente esquecida nos anos posteriores à Segunda Guerra Mundial. Como escreve David Willetts, "em meados da década de 1970, os conservadores tinham perdido a noção dos seus próprios princípios fundamentais, e coube à sra. Thatcher recordá-los ao partido".[8] E continua Willetts, em importante revisitação histórica sobre a prática do Partido Conservador:

> O sucesso desta estratégia de retirar o Estado de muitas áreas da atividade econômica já tinha sido a base da prosperidade e da confiança vitorianas. A prosperidade vitoriana não apareceu por acaso; foi o resultado de um programa explícito de desregulamentação, liberalização e baixa de impostos levado a cabo por líderes políticos ao longo de várias décadas e que remonta ao assalto intelectual que Adam Smith e Edmund Burke efetuaram sobre a sabedoria convencional [isto é, mercantilista].[9]

Curiosamente, quando Gilmour afirma que o "thatcherismo" não passava de uma forma de individualismo do século XIX vestido com trajes do século XX,[10] ele tinha inteira razão – mas não pelos motivos que imaginava. Se Thatcher representa algo de substancial na história do conservadorismo foi precisamente por ter mostrado – ou, melhor dizendo, *relembrado* – como é possível articular uma defesa conservadora da "sociedade comercial" sem haver qualquer contradição entre os termos.

E compreender essa defesa conservadora da "sociedade comercial" implica regressar, tal como Thatcher regressou, à fonte de todas as fontes: Edmund Burke. Não apenas porque Burke ocupa um papel fundador no cânone do conservadorismo. Mas porque é aconselhável revisitar os argumentos de alguém que, fundando esse cânone, era igualmente considerado pelo próprio Adam Smith como um dos mais válidos interlocutores nos debates sobre a nova teoria econômica.[11]

Revisitar esses argumentos começa desde logo por mostrar como não parece existir em Burke o tipo de hostilidade que os seus herdeiros, sejam britânicos ou da Europa continental, manifestaram em relação à "sociedade comercial". Esse fato começa por ser explicado por motivos obviamente circunstanciais: se, como já foi dito, a função de um conservador é em primeiro lugar *conservar* princípios ou instituições que se consideram importantes para uma comunidade estabelecida, então é inevitável concordar com Huntington, para quem a comunidade estabelecida que Burke procurava preservar já era uma "sociedade comercial" desde o começo. E exemplifica Huntington:

> O século XVIII assistira à emergência do Banco da Inglaterra, ao *crash* da Companhia dos Mares do Sul, a empresas cotadas na Bolsa, à expansão da navegação e do comércio, à acumulação de fortunas comerciais e capital industrial, e ao crescimento sustentado das manufaturas. O comércio era "o fator dominante" na Inglaterra do século XVIII.[12]

Porém, a adesão de Burke à "sociedade comercial" do seu tempo não se explica apenas por motivos meramente circunstanciais. Existem razões *substanciais* que serão melhor entendidas se olharmos para ele como um seguidor dos argumentos de Adam Smith sobre o mercado como um "sistema de liberdade natural".[13]

Se a função de um governo é respeitar, por princípio, a natureza humana, importante é também que ele respeite uma das propriedades fundamentais dessa mesma natureza: o fato de existir nos homens uma propensão para "negociar, permutar ou trocar uma coisa pela outra",[14] cujo objetivo é fazer com que os indivíduos possam "melhorar a sua condição".[15] Como relembra a historiadora Gertrude Himmelfarb, contra os moralistas de extração diversa que consideravam a "sociedade comercial" uma subversão da nossa natureza "autêntica", Smith e Burke contrapunham o argumento de que a vontade e a necessidade humanas de mercadejar eram das mais "autênticas" paixões naturais, e só um poder político tirânico podia suspendê-las ou destruí-las.[16]

O conservadorismo, portanto, deve começar por respeitar a natureza dos homens. E isso significa observar a vontade destes em participar num sistema em que são as escolhas naturais e livres dos indivíduos, e não a imposição autoritária de um padrão único de preferências ou comportamentos, que devem ser soberanas. Essa é a posição que Thatcher reforçará dois séculos depois dos escritos de Smith e Burke: antes de valorizarmos as vantagens materiais de uma "sociedade comercial", devemos começar por relembrar a superioridade ética dessa sociedade. "O sucesso econômico do mundo ocidental", escreveu Thatcher, "é um produto da sua filosofia moral." E especificou: "Os resultados econômicos são melhores porque a filosofia moral é superior. É superior porque começa pelo indivíduo, pela sua singularidade e pela sua capacidade de escolha".[17]

Será, aliás, esse respeito primordial pela "capacidade de escolha" que parece colidir com a pretensão dos que se apresentam como "legisladores da humanidade": governantes ou intelectuais apaixonados pelas suas elucubrações a ponto de não tolerarem os que não estejam, como eles, enfeitiçados por ideias vanguardistas e iluminadas. Irving Kristol, que estava longe de ser um entusiasta fanático da "sociedade comercial", tem razão ao assumir que o capitalismo "é a concepção menos romântica de uma ordem pública que uma mente humana já concebeu".[18] De fato, e com a exceção dos romances toscos de Ayn Rand, o capitalismo não parece despertar o mesmo fervor que outros ideais econômicos ou éticos. Não existe, como afirma Kristol, uma dimensão "transcendente" no capitalismo.[19]

Porém, um conservador deve começar por valorizar uma "sociedade comercial", não por motivos *transcendentes* – antes por motivos empíricos e imanentes. "O amor ao lucro, embora por vezes levado a excessos ridículos e viciosos", adverte Burke, "é a grande causa da prosperidade de todos os Estados."[20] E, quando comparada com as alternativas econômicas rivais, a começar pelas desastrosas experiências coletivistas do século XX, a "sociedade comercial" *funciona*. Funciona duplamente: na criação e distribuição de riqueza e, além disso, como expressão das livres aspirações humanas daqueles que desejam simplesmente "melhorar a sua condição", participando no sistema.

Aqui encontramos um segundo argumento que nos permitirá reconciliar o conservadorismo com a "sociedade comercial": recordando aos incrédulos que o mercado livre, mais do que uma ameaça a tradições estabelecidas, deve ser visto também como uma tradição estabelecida.

Começa por ser uma tradição pelo motivo prosaico de que sobreviveu aos sucessivos "testes do tempo". E sobreviveu pelas razões materiais e humanas previamente apresentadas. Mas existe uma dimensão operativa mais profunda que explica a natureza *tradicional* do mercado livre: como acontece em qualquer tradição digna desse nome, ele se apresenta como uma "ordem espontânea", para usarmos a eloquente formulação de Hayek. O que significa, ainda na conceptualização desse autor, que essa ordem emergiu natural e espontaneamente pela interação livre e obviamente incontrolada dos seus diferentes elementos. Ao contrário do que sucede numa "organização", em que a natureza e as funções da ordem são o resultado de forças exteriores a ela, o mercado livre não opera segundo "comandos" e "obediências" – "comandos" de quem desenha e controla a ordem, "obediências" de quem se submete a ela. A "ordem espontânea" não é o produto de um desígnio humano centralizado; a sua evolução dependerá sempre da multiplicidade de interações que se verificam internamente entre os diferentes elementos dessa ordem.[21]

É importante sublinhar esse aspecto epistemológico da "ordem espontânea", e não apenas por razões econômicas. Do ponto de vista dos resultados, é fato que uma ordem na qual cada indivíduo pode utilizar seus conhecimentos e preferências na prossecução dos seus fins será mais eficaz do que uma "organização" submetida a uma única mente limitada, ou a um conjunto restrito de mentes limitadas. Mas, para um conservador, a dimensão epistemológica da "ordem espontânea" tem também uma crucial importância política, ou seja, um relevante papel *antiautoritário*. Porque a "ordem espontânea" nega o monopólio da decisão a um restrito clube de mentes limitadas. O princípio da imperfeição intelectual dos seres humanos tem aqui uma nova palavra a dizer ao desautorizar a intolerável exibição da arrogância racionalista dos que pretendem determinar o que seres humanos livres podem e devem procurar por sua conta e risco. Na "ordem espontânea", os indivíduos serão os melhores juízes em causa própria porque eles são também a parte mais interessada, e mais *informada*, dos seus projetos e fins.

Não admira por isso, e tal como sustenta Kristol com sua típica argúcia, que aquilo que parece inquietar o intelectual anticapitalista não seja tanto o mérito ou o demérito da "sociedade comercial" de um ponto de vista meramente econômico. À esquerda e à direita, o que perturba verdadeiramente os "engenheiros das almas humanas" é a perda de reverência por qualquer teoria explicativa geral capaz de captar a complexidade da vida social e de prescrever uma solução última para as suas várias iniquidades. A mentalidade monista do intelectual secular convive mal com indivíduos que procuram livremente os seus fins de vida sem atenderem às recomendações paternalistas e tantas vezes autoritárias de uma elite política, filosófica ou religiosa.[22] A feliz expressão *live and let live* é um anátema para espíritos concentracionários.

Naturalmente que nesse *live and let live* existirão excessos, e mesmo excessos destrutivos (e pouco criativos), que podem colocar em causa a ordem tradicional que se procura preservar.

O respeito pela liberdade das escolhas humanas não pode ser confundido com uma reverência acrítica a qualquer resultado, por mais perverso que seja, simplesmente porque ele é o subproduto dessa sacra liberdade. Um conservador entende, como poucos, que a imperfeição humana que define os homens determinará muitas vezes lamentáveis condutas – e lamentáveis consequências. Para evocar um exemplo caro a Burke, ninguém celebra a liberdade de um louco que fugiu da sua cela para aterrorizar a vizinhança em volta.[23] O alerta de Burke pretende sublinhar, uma vez mais, a impossibilidade de aferirmos a qualidade de um valor – no caso, o valor da liberdade – apenas tendo em conta "a nudez e o isolamento da abstração metafísica".[24]

A uma tal inquietação, é função de um conservador articular uma resposta ética e *política* que, longe de apoucar a "sociedade comercial", a engrandece e a torna possível.

Eticamente, uma posição conservadora deve começar por defender que o mercado, além de ser uma aspiração humana, apresenta-se igualmente como um tipo de ordem que não se sustenta, *nem se pode sustentar*, sobre um vazio axiológico e normativo. Retomando a formulação clássica de Adam Smith, a "sociedade comercial" parece exigir um conjunto de virtudes que permitirão aos seres humanos, na busca dos seus próprios interesses, servirem igualmente os interesses de terceiros. Nas conhecidas palavras de Smith:

> Não é pela benevolência do açougeiro, do cervejeiro ou do padeiro que podemos esperar o nosso jantar, mas pelo cuidado que eles têm em relação aos seus interesses. Nós apelamos não para a sua

humanidade, mas para o seu egoísmo, e nunca lhes falamos das nossas necessidades, mas antes das vantagens para eles.[25]

O açougueiro, o cervejeiro ou o padeiro têm algo para vender; haverá quem deseje comprar. Apelando ao interesse próprio de cada uma das partes, o mercado livre surge como um sistema no qual deságuam interesses próprios, porém reconciliáveis. E nem o fato dessa confluência ser mediada pelo "vil metal" deve desqualificar *moralmente* cada uma das partes. Como afirma H. B. Acton, não sem algum humor, uma ajuda remunerada nem por isso deixa de ser ajuda.[26]

Mas o açougueiro, o cervejeiro ou o padeiro não se limitam a satisfazer o interesse de terceiros pela realização dos seus próprios interesses. Será também aconselhável, em nome desses interesses, que o açougueiro, o cervejeiro e o padeiro exibam certas *virtudes* que o mercado tende a reconhecer e a premiar: um açougueiro indisciplinado, um cervejeiro desonesto ou um padeiro que não acorda cedo não terão chances de sobrevivência. Valores como a disciplina (e a autodisciplina); a confiança (e a autoconfiança); a honestidade (para com os outros e para conosco) fazem parte dos interesses do açougueiro, do cervejeiro e do padeiro para não perderem a sua clientela e arruinarem os seus negócios. Conforme relembra Samuel Gregg, que tem dedicado à "moralidade" dos mercados algumas das melhores páginas contemporâneas,

> A vida comercial exige, por exemplo, que os indivíduos corram riscos prudentes, confiem nos outros e sejam diligentes, industriosos

e confiáveis. Por outras palavras, viver numa economia de mercado encoraja certas formas de comportamento virtuoso.[27]

E quando esse comportamento *não é* virtuoso? Responder a essa questão – ou, melhor, procurar saber por que motivo os seres humanos nem sempre agem virtuosamente numa economia de mercado – é o tipo de indagação filosófica que não cabe no presente ensaio. Sobre essa questão, porém, é função de um conservador relembrar duas posições de princípio.

A primeira é questionar se comportamentos viciosos *dentro* do mercado são devidos à natureza e ao funcionamento desse mercado – ou, antes, a falhas morais que são anteriores a qualquer participação no sistema e que podem igualmente emergir em contextos exteriores ao próprio mercado. Entendemos, tal como Acton compreende, que a tendência para imputar ao mercado comportamentos reprováveis do ponto de vista ético mais não é do que um lamentável expediente para desculpabilizar moralmente os indivíduos. Nesse tópico, convém não desprezar a influência prévia que as famílias, as escolas, as igrejas e todos os restantes "pequenos pelotões" desempenharam (ou não) na formação moral de um *caráter*.[28] Também aqui não há almoços grátis: o que somos dentro do mercado depende do que fomos (e somos) fora dele.

Entretanto, para além dessas considerações genéticas sobre as virtudes (ou falta delas) dos indivíduos que participam no mercado livre, importante será também defender como uma "sociedade comercial" não dispensa – *ela antes exige* – condições institucionais para a sua existência e permanência. Como relembra Jerry Muller – uma lembrança especialmente importante para os herdeiros libertários de Adam Smith que nunca o leram com a atenção devida –, o Estado é a mais importante instituição para o bom funcionamento de uma "sociedade comercial". Porque só o Estado garante a defesa da paz e da ordem; a construção onerosa de grandes infraestruturas que não podem depender apenas do voluntarismo da iniciativa privada; e a administração independente da justiça, capaz de defender a propriedade privada, o respeito pelos contratos firmados ou a punição de crimes e abusos cometidos por homens que não são anjos.[29]

Mesmo Margaret Thatcher, caricaturada como a *bête noire* do papel intervencionista do Estado numa sociedade livre, em nenhum momento desprezou a necessidade de o Estado assumir os encargos referidos por Adam Smith – a que acrescentou, como mulher do seu tempo, a assistência aos mais desfavorecidos. "O governo também tem o claro dever de ajudar a cuidar dos doentes e dos velhos", afirmou a primeira-ministra, "e de providenciar uma rede de proteção para todos aqueles que, sem culpa alguma, caem no desemprego, na pobreza e na privação."[30]

Ironicamente, o clichê anedótico do "capitalismo selvagem" só funciona para quem se imagina a viver na selva.

Conservadores ou monomaníacos: uma conclusão

Conservadorismo: quando alguém é acusado de sofrer de maleita, não se pretende afirmar que a infeliz criatura adere a um conjunto válido e racional de ideias ou valores que definem uma ideologia política. Ao conservador não se aplica o mesmo tipo de tolerância ética ou epistemológica que se concede ao liberal, ao socialista e até, Deus seja louvado, ao comunista impenitente.

O conservador é outra história. Um *imobilista*, dirão alguns: alguém que se opõe à mudança, a qualquer mudança, porque assim determina a sua viciosa personalidade. Ou então é um *reacionário*, dirão outros: alguém que não apenas se opõe à mudança, a qualquer mudança, como pretende revertê-la de forma a regressar a um paraíso perdido que, aos seus olhos nostálgicos, é simplesmente o avesso de um mundo que se encontra do avesso.

Para o fanatismo progressista, o conservador não é uma alma que persiste no erro. É, resumidamente, um herege. E não será de excluir, seguindo as lições do preclaro Theodor Adorno em *The Authoritarian Personality* (1950), que se escondam outros vícios por detrás da heresia conservadora: uma personalidade com inclinação para o autoritarismo e, já no século XX, para as experiências fascistas que destroçaram a Europa. Recapitulando: conservador, imobilista, reacionário, autoritário, fascista. Para que perder tempo com pormenores?

Este ensaio, que agora termina, procurou perder tempo com pormenores. Porque, se Deus está nos detalhes, o demônio também está. As caricaturas que usualmente distorcem o tipo de conservadorismo que aqui se apresentou só podem ser explicáveis, mas não justificáveis, por ignorância ou má-fé.

Atenho-me apenas à mais grave: a identificação entre "conservador" e "fascista". Creio que já ficou claro, seguindo as importantes contribuições de Anthony Quinton e Samuel Huntington sobre o assunto, como os termos são incompatíveis entre si. E incompatíveis porque o fascismo, tal como o comunismo, adquire aos olhos de um conservador contornos inapelavelmente revolucionários e utópicos. Escusado será dizer que a reação conservadora que aqui se radicou em Edmund Burke começou por repudiar esse tipo de radicalismo político que procura construir paraísos futuros pela impiedosa destruição do presente.

Para um conservador, o fascismo e o comunismo começam por se apresentar como tiranias gêmeas, ao partilharem a mesma concepção violenta e primária do exercício político. E "primária" é o termo: ao confrontar-se com o procedimento dos revolucionários na França, Burke já havia notado como um dos vícios principais das suas condutas estava na forma como se procurava evitar a intrínseca *dificuldade* (e complexidade) da política *tal como ela é*. "A dificuldade é um instrutor severo", escrevia o autor irlandês, na medida em que tende a "fortalecer os nossos medos e a apurar a nossa capacidade."[1] A ação revolucionária, pelo contrário, obedece antes a um "princípio de preguiça": a preguiça de quem é incapaz de pacientemente estudar e reformar a comunidade real, optando antes por "atalhos" e pelas "facilidades falaciosas" da destruição e da recriação totais.[2]

Obviamente, o que é válido para um revolucionário será válido para um reacionário: repetindo a certeira observação de Huntington, é indiferente saber se a destruição *no* presente se faz em nome de uma utopia passada ou futura. Destruição é destruição. E uma utopia será sempre uma utopia.

O conservadorismo, como ideologia *reativa* que é, define-se pela sua atitude geneticamente antiutópica. E isso será mais facilmente compreendido se, nestas páginas finais, definir-se qual a função do poder político numa perspectiva conservadora. Sem surpresas, essa função estará necessariamente moldada pelos princípios que ficaram para trás: pela defesa da imperfeição intelectual humana perante a complexidade e as contingências com que nos confrontamos no ato de governar; pelo reconhecimento das diferentes concepções do bem que definem as sociedades abertas, democráticas e pluralistas; pelo respeito às tradições úteis e benignas que sobreviveram aos diferentes "testes do tempo"; pela apologia de uma atitude reformista que seja capaz de evitar a degradação do "edifício" que se procura conservar; e pela valorização e proteção de uma "sociedade comercial", entendida como condição primeira para a realização da natureza dos homens e para o bem-estar das suas sociedades.

A defesa da imperfeição intelectual humana começa por desautorizar a procura de ideais utópicos, sejam eles revolucionários ou reacionários, porque essas quimeras assentam na arrogância própria de quem se considera onipotente e onisciente, ignorando "a sua própria cegueira" e as contingências inevitáveis que sempre se abatem sobre a conduta dos homens.

Não é por acaso que o primeiro conservador moderno reagiu precisamente contra essa intolerável arrogância: a Revolução Francesa, mais do que uma reforma, apresentava-se como uma promessa total de que era possível realizar na Terra o que espíritos mais modestos esperavam apenas encontrar no Céu. Essa busca de perfeição, pela sua basilar impossibilidade, apenas conduziria a atos crescentes de violência política. Tal como sustenta Noël O'Sullivan, o que move Burke é a perigosa ideia da "plasticidade"[3] do mundo e da natureza dos homens, como se ambos pudessem ser objeto de transformação radical. Uma pretensão que, logicamente, pode ter começado na França do século XVIII, mas que não se esgota ali: como relembra o mesmo O'Sullivan, a oposição conservadora à "fé" progressista do século XIX e aos apelos totalitários do século XX fez-se de acordo com os mesmos princípios – uma consciência primeva da nossa imperfeição intelectual – e contra a mesma ambição – a crença patética de que o mundo e os seres humanos existem para serem radicalmente moldados segundo os caprichos de terceiros.[4]

Um governo conservador será um governo necessariamente mais modesto e prudente na sua função – e essas virtudes reconhecem e refletem os restantes princípios aqui abordados.

Em primeiro lugar, um governo modesto e prudente começará por reconhecer, como diria Isaiah Berlin, a multiplicidade de valores e objetivos de vida que os seres humanos perseguem por sua conta e risco no contexto de uma sociedade pluralista. Essa afirmação tem várias implicações – e várias aplicações. O reconhecimento de um universo de escolhas pluralistas significa que não cabe ao poder político decidir a hierarquia de valores sob a qual todos os indivíduos terão de viver as suas vidas. *Porque são os indivíduos que vivem essas vidas;* e são eles que, falhando ou acertando, devem perseguir os objetivos que entendem sem a mão paternalista do Estado. Tal posição não apenas distingue o conservadorismo de alternativas ideológicas rivais à esquerda, mas à direita também e, em particular, em confronto com outras tradições conservadoras de natureza monista, ou seja, defensoras da aplicação de um valor, ou de um conjunto de valores absolutos, sobre uma realidade que acreditam ser caótica ou decadente.

Será isto a afirmação tipicamente liberal de que o Estado deve ser neutro perante diferentes concepções do bem? Não necessariamente. Retomando a importante distinção entre "valores primários" e "valores secundários" de John Kekes, é função do governo preservar e garantir a existência de ambos. Porque ambos fazem parte da nossa paisagem moral. Um governo conservador deve evitar "males primários" – males universalmente reconhecidos como tal, independentemente das inevitáveis variações culturais que existem entre sociedades distintas (ou até no interior de uma mesma sociedade) – pelo simples fato de que a natureza humana é comum a todos. Parafraseando o bardo, todos nós sangramos, rimos e morremos de igual maneira. É por isso que, tal como escreve H. B. Acton, "uma moralidade mínima que proíbe o homicídio, a agressão, o roubo e a mentira é igualmente aceita por liberais e tradicionalistas".[5]

Um governo conservador não se limita, entretanto, a essa "moralidade mínima". Se os "valores secundários" são igualmente importantes para a vida de uma comunidade – valores que os homens adquirem por participarem nessa comunidade como seus membros –, será função do poder político proteger e preservar essas tradições em face de "males secundários", ou seja, que privam as gerações presentes e vindouras do patrimônio ético e epistemológico das gerações passadas.

Tal não significa que ideias de reforma, ou necessidades de reforma, não possam ser empreendidas. Só que a reforma deve operar-se de acordo com um princípio de *conservação*, não de *inovação*. Um cínico, uma vez mais, poderia repetir que é importante que algo mude para que tudo fique como está. Quase. A frase correta seria dizer que é importante que algo mude para que tudo evolua como deve.

Por último, e em homenagem a um conservador heterodoxo como Hayek, não é função de um governo transformar uma "ordem espontânea", como o mercado, numa "organização", sujeita aos "comandos" abusivos (e usualmente apedeutas) de uma elite dogmática. Não apenas por motivos de eficiência econômica. Mas porque não compete ao poder político a autoridade de decidir centralmente escolhas livres de seres humanos livres que procuram apenas "melhorar a sua condição", participando no mercado sob o império da lei.

Ao mesmo tempo que defende o mercado livre sob o império da lei, um conservador entenderá que a criação de riqueza será sempre condição basilar para que uma comunidade civilizada possa resgatar da pobreza e da privação os mais velhos, os mais doentes e os menos afortunados. O reconhecimento de uma natureza humana comum será também uma forma de repetir a velha máxima de que, em cada destino amargo, poderia também estar o *meu* destino.

*

Será possível ser um conservador em política e um radical em todo o resto? A pergunta pertence a Michael Oakeshott em "On Being Conservative", e ela continua a causar surpresa em certos gostos, para quem o conservadorismo *político* se confunde com outros tipos de comportamentos sociais, artísticos, pessoais etc.

Repito e concluo: o presente ensaio é um ensaio político, não estético ou psicológico. E, politicamente, o que deve interessar a um conservador é definir, como defende Oakeshott, a específica (e limitada) vocação de um governo:[6] aquilo que ele pode e deve fazer, mas sobretudo aquilo que ele *não pode nem deve fazer*.

E o que um governo conservador não pode nem deve fazer é "impor atividades substantivas"[7] sobre terceiros, como se a vida alheia pertencesse a um dono sem rosto. De um governo conservador espera-se, antes, que seja capaz de garantir "a provisão e a custódia de regras gerais de conduta" que permitam a terceiros perseguir os objetivos que entendem.[8] A atividade política não pode ser o pretexto ideal para cumprir um projeto particular, qualquer que ele seja e por mais nobre – em teoria – que seja. Os projetos particulares pertencem, precisamente, aos *particulares*. Como afirmaria T. S. Eliot, o motivo pelo qual não existem "causas ganhas" em política é porque também não existem "causas perdidas": para um conservador, o imperativo da *continuidade* é mais importante do que a promessa de que algo irá triunfar.[9]

Respondendo à pergunta de Oakeshott, é perfeitamente possível ser um conservador em política e um radical em todo o resto. Aliás, a tentação final deste ensaio seria simplesmente dizer que a única forma de "vivermos e deixarmos viver" pressupõe a inexistência de radicais a governar-nos. "Nós toleramos monomaníacos, é o nosso hábito fazê-lo", afirma Oakeshott, "mas por que motivo devemos ser *governados* por eles?"[10]

Eis talvez o mais importante princípio de uma sociedade política tolerável: evitar que o poder seja exercido por monomaníacos.

Notas

QUATTORDICI: UMA INTRODUÇÃO

1 Viereck, *Conservatism*, p. 11.

2 Quinton, "Conservatism". In: *A Companion to Contemporary Political Philosophy*, pp. 248-9.

3 Quinton, *The Politics of Imperfection*, p. 56.

4 Viereck, *Conservatism*, p. 6.

5 Cf. Strauss, *Natural Right and History*, pp. 317-9.

6 Burke, "Thoughts on French Affairs". In: *Works*, v. 4, p. 377.

7 Maistre, *Oeuvres*, p. 266.

8 O'Sullivan, *Conservatism*, p. 38.

9 Ibidem, p. 82.

10 Carlyle, *Past and Present*, p. 33.

11 Viereck, *Conservatism*, p. 38.

12 Coutinho, *Política e perfeição*.

13 A esse respeito, ver: "Em busca do equilíbrio". In: *Dicta & contradicta*, 2009. e "Dez notas para a definição de uma direita". In: *Por que virei à direita*, 2012.

14 Willetts, *Modern Conservatism*, p. 70.

A IDEOLOGIA CONSERVADORA

1 Oakeshott, *Rationalism in Politics*, p. 408.

2 Ibidem.

3 Ibidem, pp. 408-9.

4 Hogg, *The Case for Conservatism*, p. 13.

5 Hearnshaw, *Conservatism in England*, p. 22.

6 Baldwin, prefácio a Elliot, *Toryism and the Twentieth Century*, pp. IX-X.

7 Buchan, prefácio a Bryant, *The Spirit of Conservatism*, p. VII.

8 Elliot, *Toryism and the Twentieth Century*, p. 6.

9 Cecil, *Conservatism*, p. 8.

10 Gilmour, *Inside Right*, pp. 109-10.

11 Quinton, *The Politics of Imperfection*, p. 19.

12 Huntington, "Conservatism as an Ideology". In: *The American Political Science Review*, p. 460.

13 Berlin, *Liberty*, p. 212.

14 Berlin, *The Crooked Timber of Humanity*, p. 20.

15 Hayek, *The Constitution of Liberty*, p. 411.

16 Ibidem, p. 404.

17 Huntington, "Conservatism as an Ideology". In: *The American Political Science Review*, p. 457.

18 Ibidem, p. 458.

19 Ibidem, pp. 460-1.

20 Ibidem, p. 458.

21 Ibidem, p. 468.

22 Ibidem, p. 460.

23 Scruton, *Gentle Regrets*, p. 33.

24 Burke, "Reflections on the Revolution in France". In: *Works*, v. 3, p. 407.

25 Ibidem, p. 440.

26 Ibidem, p. 339.

IMPERFEIÇÃO HUMANA

1 Scruton, *The Meaning of Conservatism*, p. 1.

2 Quinton, *The Politics of Imperfection*, p. 13.

3 Oakeshott, *Rationalism in Politics*, p. 10.

4 Ibidem, p. 9.

5 Mackintosh, *Vindiciae Gallicae*, p. 114.

6 Ibidem, p. 119.

7 Scruton, *The Meaning of Conservatism*, p. x.

8 Oakeshott, *Rationalism in Politics*, p. 15.

9 Tocqueville, *L'Ancient Régime et la Révolution*, p. 240.

10 Burke, "Letter to a Member of the National Assembly". In: *Works*, v. 4, p. 26.

11 Merton, "The Unanticipated Consequences of Social Action". In: *Sociological Ambivalence and other Essays*, pp. 145-55.

12 Ibidem, p. 152.

13 Burke, "To the Chevalier de Grave – 24 August 1792". In: *Correspondence*, v. 7, p. 182.

14 Merton, "The Unanticipated Consequences of Social Action". In: *Sociological Ambivalence and other Essays*, p. 151.

15 Burke, "To Charles-Jean-François Depont – [November 1789]". In: *Correspondence*, v. 6, p. 48.

16 Kekes, *A Case for Conservatism*, p. 191.

17 O'Hara, *Conservatism*, p. 54.

18 Burke, "To Adrein-Jean-François Duport – [post 28 March 1790]". In: *Correspondence*, v. 6, p. 109.

19 Maistre, *Oeuvres*, p. 233.

20 Ibidem, p. 234.

21 Burke, "A Vindication of Natural Society", In: *Works*, v. 1, p. 6.

O SENTIDO DA REALIDADE

1 Gilmour, *Inside Right*, p. 128.

2 Huntington, "Conservatism as an Ideology". In: *The American Political Science Review*, p. 458.

3 Burke, "Reflections on the Revolution in France". In: *Works*, v. 3, p. 240.

4 Burke, "An Appeal from the New to the Old Whigs". In: *Works*, v. 4, p. 80.

5 Berlin, *The Power of Ideas*, p. 134.

6 Berlin, *Personal Impressions*, p. 28.

7 Ibidem.

8 Burke, "Reflections on the Revolution in France". In: *Works*, v. 3, p. 263.

9 Burke, "Speech on the Army Estimates". In: *Works*, v. 3, p. 226.

10 Viereck, *Conservatism*, p. 47.

11 Burke, "Speech on Conciliation with America". In: *Works*, v. 2, p. 139.

12 Scruton, *The Uses of Pessimism*, pp. 153-65.

13 Berlin, *The Crooked Timber of Humanity*, p. 12.

14 Scruton, *The Meaning of Conservatism*, pp. 26-7.

15 Strauss, *Natural Right and History*, p. 12.

16 Ibidem, p. 9.

17 Ibidem, p. 15.

18 Ibidem, pp. 13-4.

19 Ibidem, pp. 18-9.

20 Burke, "A Letter to a Member of the National Assembly". In: *Works*, v. 4, p. 28.

21 Burke, "Letters on a Regicide Peace – IV". In: *Works*, v. 6, pp. 89-90.

22 Burke, "Reflections on the Revolution in France". In: *Works*, v. 3, pp. 216-7.

23 Cecil, *Conservatism*, p. 246.

24 Hogg, *The Case for Conservatism*, p. 73.

25 Kekes, *A Case for Conservatism*, p. 34.

26 Essa sutil distinção, nem sempre entendida no argumentário pluralista (e conservador), é analisada de forma superior por Quinton em *The Politics of Imperfection*, p. 62.

27 Berry, *Human Nature*, p. 58.

28 Kekes, *A Case for Conservatism*, p. 35.

29 O'Hara, *Conservatism*, p. 101.

30 Kekes, *A Case for Conservatism*, p. 102.

31 Scruton, *The Meaning of Conservatism*, p. 79.

32 Berlin, *The Crooked Timber of Humanity*, p. 204.

33 Scruton, *The Meaning of Conservatism*, p. 13.

34 Essa contínua oscilação entre o passado e o presente na atuação "expediente" do estadista conservador é objeto de análise em: Charles Vaughan, *Studies*, v. 2, p. 121.

35 Scruton, *The Meaning of Conservatism*, p. 14.

OS TESTES DO TEMPO

1 Oakeshott, *Rationalism in Politics*, pp. 408-11.

2 Burke, "Reflections on the Revolution in France". In: *Works*, v. 3, p. 191.

3 Ibidem, p. 347.

4 A esse respeito, ver o interessante paralelismo de Hampsher-Monk entre o "conservadorismo" e o "darwinismo" em: *A History of Modern Political Thought*, p. 274.

5 Scruton, *The Meaning of Conservatism*, p. 31.

6 Kekes, *A Case for Conservatism*, p. 9.

7 Ibidem, p. 8.

8 Burke, "Reflections on the Revolution in France". In: *Works*, v. 3, p. 357.

9 Ibidem, p. 334.

10 Kekes, *A Case for Conservatism*, p. 117.

11 Burke, "Reflections on the Revolution in France". In: *Works*, v. 3, pp. 241-2.

12 Oakeshott, *The Politics of Faith*, pp. 86-7.

13 Burke, "Reflections on the Revolution in France". In: *Works*, v. 3, p. 359.

14 Paine, *Rights of Man*, pp. 11-2.

15 Esse importante paralelismo entre Paine e Locke encontra desenvolvimento em O'Sullivan, *Conservatism*, p. 10.

16 Eliot, *Selected Prose*, p. 38.

17 Burke, "Reflections on the Revolution in France". In: *Works*, v. 3, p. 346.

18 Oakeshott, *Rationalism in Politics*, p. 59.

19 Burke, "Reflections on the Revolution in France". In: *Works*, v. 3, p. 274.

20 Wilkins, *The Problem of Burke's Political Philosophy*, p. 110.

21 Kekes, *A Case for Conservatism*, pp. 113-4.

22 Oakeshott, *Rationalism in Politics*, p. 60.

23 Burke, "Reflections on the Revolution in France". In: *Works*, v. 3, p. 347.

A REFORMA PRUDENTE

1 Hirschman, *The Rhetoric of Reaction*, pp. 11-2.

2 Ibidem, p. 43

3 Ibidem, p. 7.

4 Robin, *The Reactionary Mind*, p. 24.

5 Acton, *The Morals of the Markets*, p. 173.

6 Quinton, *The Politics of Imperfection*, p. 20.

7 O'Sullivan, *Conservatism*, p. 9.

8 Quinton, *The Politics of Imperfection*, p. 16.

9 Citado em Viereck, *Conservatism*, p. 43.

10 Popper, *Conjectures and Refutations*, p. 176.

11 Burke, "Reflections on the Revolution in France". In: *Works*, v. 3, p. 274.

12 Huntington, "Conservatism as an Ideology" In: *The American Political Science Review*, p. 454.

13 Viereck, *Conservatism*, p. 87.

14 Burke, "Speech on Conciliation with America". In: *Works*, v. 2, p. 109.

15 Burke, "Speech on American Taxation". In: *Works*, v. 2, p. 72.

16 Burke, "Reflections on the Revolution in France". In: *Works*, v. 3, p. 259.

17 Ibidem, p. 562.

18 Kekes, *A Case for Conservatism*, p. 8.

19 Burke, "Reflections on the Revolution in France". In: *Works*, v. 3, p. 280.

20 Oakeshott, *Rationalism in Politics*, p. 411.

21 Burke, "An Appeal from the New to the Old Whigs". In: *Works*, v. 4, p. 80.

22 Oakeshott, *Rationalism in Politics*, pp. 411-2.

23 Burke, "Letters on a Regicide Peace – I". In: *Works*, v. 5, p. 234.

24 Burke, "Reflections on the Revolution in France". In: *Works*, v. 3, pp. 311-2.

25 Burke, "A Letter to a Member of the National Asembly". In: *Works*, v. 4, p. 43.

26 Burke, "Reflections on the Revolution in France". In: *Works*, v. 3, p. 280.

27 Ibidem, p. 259.

28 Popper, *The Poverty of Historicism*, p. 61.

29 Cecil, *Conservatism*, p. 18.

30 Wollstonecraft, *A Vindication of the Rights of Men*, p. 8.

31 Burke, "Speech on the Plan for Economical Reform". In: *Works*, v. 2, pp. 280-1.

A “SOCIEDADE COMERCIAL”

1 Carlyle, *Past and Present*, p. 32.

2 Muller, *The Mind and the Market*, p. 208.

3 Ibidem, p. 95

4 Gray, *Enlightenment's Wake*, p. 87.

5 Gilmour, *Dancing with Dogma*, p. 273.

6 Gray, *Enlightenment's Wake*, p. 106.

7 A esse respeito, são imprescindíveis os trabalhos de David Willetts (*Modern Conservatism*, 1992) e de E. H. H. Green (*Ideologies of Conservatism*, 2002, em particular o capítulo “Thatcherism: A Historical Perspective”, pp. 214-39).

8 Willetts, *Modern Conservatism*, p. 46.

9 Ibidem, p. 10.

10 Gilmour, *Dancing with Dogma*, p. 9.

11 Buckle, *Introduction to the History of Civilization in England*, p. 259n.

12 Huntington, “Conservatism as an Ideology” In: *The American Political Science Review*, p. 462.

13 Smith, *The Wealth of Nations*, v. 2, p. 273.

14 Ibidem, v. 1, p. 117.

15 Ibidem, p. 443.

16 Himmelfarb, *The Roads to Modernity*, p. 68.

17 Thatcher, *In Defense of Freedom*, p. 25.

18 Kristol, *Two Cheers for Capitalism*, p. x.

19 Ibidem.

20 Burke, “Letters on a Regicide Peace – III”. In: *Works*, v. 5, p. 455.

21 Hayek, *Law, Legislation and Liberty*, pp. 35-54.

22 Kristol, *Two Cheers for Capitalism*, p. 58.

23 Burke, “Reflections on the Revolution in France”. In: *Works*, v. 3, p. 241.

24 Ibidem, p. 240.

25 Smith, *The Wealth of Nations*, v. 1, p. 119.

26 Acton, *The Morals of the Markets*, p. 47.

27 Gregg, "Markets, Morality and Civil Society". In: *Arguing Conservatism*, p. 443.

28 Acton, *The Morals of the Markets*, p. 13.

29 Muller, *The Mind and the Market*, pp. 76-7.

30 Thatcher, *In Defense of Freedom*, p. 12.

CONSERVADORES OU MONOMANÍACOS: UMA CONCLUSÃO

1 Burke, "Reflections on the Revolution in France". In: *Works*, v. 3, p. 453.

2 Ibidem, p. 454.

3 O'Sullivan, *Conservatism*, p. 11.

4 Ibidem, pp. 14-6.

5 Acton, *The Morals of the Markets*, p. 185.

6 Oakeshott, *Rationalism in Politics*, p. 429.

7 Ibidem, p. 424.

8 Ibidem.

9 Eliot, *Selected Prose*, pp. 199-200.

10 Oakeshott, *Rationalism in Politics*, p. 428.

Bibliografia

ACTON, H. B. *The Morals of the Markets and Related Essays*. Organizado por David Gordon e Jeremy Shearmer. Indianápolis: Liberty Fund, 1993.

ADORNO, Theodor W. et alii. *The Authoritarian Personality*. Nova York: Norton, 1982.

BERLIN, Isaiah. *The Crooked Timber of Humanity: Chapters in the Study of Ideas* [1990]. Organizado por Henry Hardy. NJ: Princeton University Press, 1997.

______. *Liberty*. Organizado por Henry Hardy, com um ensaio de Ian Harris sobre Berlin e os seus críticos. Oxford: Oxford University Press, 2002.

______. *Personal Impressions* [1980]. Organizado por Henry Hardy, com uma introdução de Noel Annan. 2ª ed. Londres: Pimlico, 1998.

______. *The Power of Ideas*. Organizado por Henry Hardy. Londres: Chatto & Windus, 2000.

BERRY, Christopher J. *Human Nature*. Londres: Macmillan, 1986.

BRYANT, Arthur. *The Spirit of Conservatism*. Introdução de Lord Melchett. Prefácio de John Buchan. Londres: Methuen & Co. Ltd., 1929.

BUCKLE, Henry Thomas. *Introduction to the History of Civilization in England*. Nova edição revista, com anotações e uma introdução de John M. Robertson. Londres: George Routledge and Sons, Limited, 1904.

BURKE, Edmund. *The Correspondence of Edmund Burke*. Organizado por Thomas W. Copeland e outros. Chicago: The University of Chicago Press, 1958-78, 10 v.

______. *The Works of the Right Honorable Edmund Burke*. 6ª ed. Boston: Little, Brown, and Company, 1880, 12 v.

CARLYLE, Thomas. *Past and Present*. Nova York: Dutton, 1931.

CECIL, Hugh. *Conservatism*. Londres: Williams and Norgate, 1912.

COUTINHO, João Pereira. "Em busca do equilíbrio". *Dicta & Contradicta*, n. 3, pp. 32-42, 6/2009.

______. "Dez notas para a definição de uma direita". In: Coutinho, João Pereira; Pondé, Luiz Felipe; Rosenfield, Denis. *Por que virei à direita*. Prefácio de Marcelo Consentino. São Paulo: Três Estrelas, 2012, pp. 24-49.

______. *Política e perfeição: Um estudo sobre o pluralismo político de Edmund Burke e Isaiah Berlin*. Lisboa, 2008. Tese de Doutoramento – Universidade Católica Portuguesa.

ELIOT, T. S. *Selected Prose of T. S. Eliot*. Organizado por Frank Kermode. Londres: Faber and Faber, 1975.

ELLIOT, Walter. *Toryism and the Twentieth Century*. Introdução de Stanley Baldwin. Londres: Philip Allan & Co., 1927.

GILMOUR, Ian. *Dancing with Dogma: Britain under Thatcherism*. Londres: Simon & Schuster, 1992.

______. *Inside Right: A Study of Conservatism*. Londres: Hutchinson, 1977.

GRAY, John. *Enlightenment's Wake: Politics and Culture at the Close of the Modern Age*. Londres: Routledge, 1995.

GREGG, Samuel. "Markets, Morality and Civil Society". In: *Arguing Conservatism – Four Decades of the "Intercollegiate Review"*. Organizado por Mark C. Henrie. Wilmington, BE: ISI Books, 2008, pp. 438-46.

GREEN, E. H. H. *Ideologies of Conservatism: Conservative Political Ideas in the Twentieth Century*. Oxford: Oxford University Press, 2002.

HAMPSHER-MONK, Iain. *A History of Modern Political Thought: Major Political Thinkers from Hobbes to Marx*. Oxford: Blackwell, 1992.

HAYEK, F. A. *The Constitution of Liberty*. Londres: Routledge, 1999.

______. *Law, Legislation and Liberty: A New Statement of Liberal Principles of Justice and Political Economy*. 3ª ed. Londres: Routledge, 1998.

HEARNSHAW, F. J. C. *Conservatism in England: An Analytical, Historical, and Political Survey*. Londres: Macmillan, 1933.

HIMMELFARB, Gertrude. *The Roads to Modernity: The British, French, and American Enlightenments*. Nova York: Alfred A. Knopf, 2004.

HIRSCHMAN, Albert O. *The Rhetoric of Reaction: Perversity, Futility, Jeopardy*. Cambridge, Mass.: The Belknap Press of Harvard University Press, 1991.

HOGG, Quintin. *The Case for Conservatism*. Londres: Penguin Books, 1947.

HUNTINGTON, Samuel P. "Conservatism as an Ideology". *The American Political Science Review* 51, n. 2, pp. 454-73, 6/1957.

KEKES, John. *A Case for Conservatism*. Ithaca: Cornell University Press, 1998.

KRISTOL, Irving. *Two Cheers for Capitalism*. Nova York: Basic Books, 1978.

MACKINTOSH, James. *Vindiciae Gallicae: Defence of the French Revolution and its English Admirers, Against the Accusations of the Right Hon. Edmund Burke; Including Some Strictures of the Late Production of Mons. de Calonne* [1791]. 4ª ed. Londres: G. G. J. and J. Robinson, 1792.

MAISTRE, Joseph de. *Oeuvres*. Texto fixado, anotado e apresentado por Pierre Glaudes. Paris: Éditions Robert Laffont, 2007.

MERTON, Robert K. "The Unanticipated Consequences of Social Action". In: *Sociological Ambivalence and Other Esssays*. Nova York: Free Press, 1976, pp. 145-55.

MULLER, Jerry Z. (org.). *Conservatism: An Anthology of Social and Political Thought from David Hume to the Present*. Princeton: Princeton University Press, 1997.

______. *The Mind and the Market: Capitalism in Modern European Thought*. Nova York: Alfred A. Knopf, 2002.

OAKESHOTT, Michael. *The Politics of Faith and the Politics of Scepticism*. Organizado por Timothy Fuller. New Haven e Londres: Yale University Press, 1996.

______. *Rationalism in Politics and Other Essays*. Prefácio de Timothy Fuller. Indianápolis: Liberty Fund, 1991.

O'HARA, Kieron. *Conservatism*. Londres: Reaktion Books, 2011.

O'SULLIVAN, Noël. *Conservatism*. Londres: J. M. Dent & Sons Ltd., 1976.

PAINE, Thomas. *Rights of Man* [1791-1792]/*Common Sense* [1776]. Introdução de Michael Foot. Londres: Everyman's Library, 1994.

POPPER, Karl. *Conjectures and Refutations: The Growth of Scientific Knowledge*. 3ª ed. Londres: Routledge, 2005.

______. *The Poverty of Historicism*. 2. ed. Londres: Routledge, 2004.

QUINTON, Anthony. "Conservatism". In: *A Companion to Contemporary Political Philosophy*. Organizado por Robert E. Goodin e Philip Pettit. 7ª ed. Oxford: Blackwell, 1999, pp. 244-68.

______. *The Politics of Imperfection: The Religious and Secular Traditions of Conservative Thought in England from Hooker to Oakeshott*. Londres: Faber and Faber, 1978.

ROBIN, Corey. *The Reactionary Mind: Conservatism from Edmund Burke to Sarah Palin*. Oxford: Oxford University Press, 2011.

ROUSSEAU, Jean-Jacques. *The "Discourses" and Other Early Political Writings*. Organizado e traduzido por Victor Gourevitch. 9ª ed. Cambridge: Cambridge University Press, 2006.

SCRUTON, Roger. *Gentle Regrets*. Londres: Continuum, 2005.

______. *The Meaning of Conservatism*. 3ª ed. Basingstroke, Hampshire: Palgrave, 2001.

______. *The Uses of Pessimism and the Danger of False Hope*. Londres: Atlantic Books, 2010.

SMITH, Adam. *The Theory of Moral Sentiments* [1759]. Nova York: Prometheus Books, 2000.

______. *The Wealth of Nations* [1776]. Londres: Penguin Classics, 1999, 2 v.

STRAUSS, Leo. *Natural Right and History*. 8ª ed. Chicago: The University of Chicago Press, 1968.

THATCHER, Margaret. *In Defense of Freedom: Speeches on Britain's Relations with the World 1976-1986*. Londres: Aurum Press, 1986.

TOCQUEVILLE, Alexis de. *L'Ancien Régime et la Révolution* [1856]. Editado por J.-P. Mayer. 7ª ed. revista e corrigida. Paris: Gallimard, 2007. [Edição brasileira: *O Antigo Regime e a Revolução*. Tradução de Rosemary Costhek Abílio. São Paulo: WMF Martins Fontes, 2009.]

VAUGHAN, C. E. *Studies in the History of Political Philosophy Before and After Rousseau*. Organizado por A. G. Little, com uma lista dos escritos do Professor Vaughan compilada por H. B. Charlton. Nova York: Russell and Russell, 1960. v. 2: From Burke to Mazzini.

VIERECK. Peter. *Conservatism: From John Adams to Churchill*. Princeton, NJ: D. Van Nostrand Company, 1956.

WILKINS, Burleigh Taylor. *The Problem of Burke's Political Philosophy*. Oxford: Clarendon Press, 1967.

WILLETTS, David. *Modern Conservatism*. Londres: Penguin, 1992.

WOLLSTONECRAFT, Mary. *A Vindication of the Rights of Men* [1790] *with A Vindication of the Rights of Woman* [1792] *and Hints*. Organizado por Sylvana Tomaselli. Cambridge: Cambridge University Press, 1995.

Índice remissivo

Agradecimentos

Escrever sobre o conservadorismo era uma ideia antiga, que foi resgatada e se tornou possível pelas mãos de Otavio Frias Filho, diretor da *Folha de S.Paulo*, e de Alcino Leite Neto, editor da Três Estrelas. Agradeço a ambos: o convite para publicar este ensaio e, sobretudo, a infinita paciência que tiveram com as idiossincrasias de um autor que, na melhor tradição neurótica, acordava no meio da noite com a possibilidade angustiante de uma vírgula fora do lugar.

Quero ainda agradecer aos meus colegas do Instituto de Estudos Políticos da Universidade Católica Portuguesa, em Lisboa, com quem fui conversando ao longo dos anos sobre os temas aqui tratados. Uma palavra especial é devida ao diretor do instituto, professor João Carlos Espada, que no primeiro semestre do ano acadêmico de 2013-2014 me desafiou a lecionar um curso especificamente dedicado aos diferentes *conservadorismos*. Isso me permitiu ler muito, comparar tradições, apurar conceitos e depois testá-los com alunos atentos e, em certos casos, implacáveis. Este livro é dedicado a eles.

Ou, parafraseando alguém onipresente neste ensaio, o melhor de suas páginas é dedicado aos alunos presentes, aos passados e, espero bem, aos que ainda estarão para chegar.

Lisboa, janeiro de 2014

Este livro foi composto na fonte Albertina
e impresso em dezembro de 2014 pela Corprint,
sobre papel pólen bold 90 g/m².

Sobre o autor

João Pereira Coutinho nasceu em Portugal, em 1976. Formou-se em história na Faculdade de Letras da Universidade do Porto. Doutorou-se em ciência política e relações internacionais pelo Instituto de Estudos Políticos da Universidade Católica Portuguesa, em Lisboa, onde também é professor. Colunista da *Folha de S.Paulo* e do diário português *Correio da Manhã*, publicou no Brasil o volume de crônicas *Avenida Paulista* (Record, 2007) e, pela editora Três Estrelas, a coletânea de ensaios *Por que virei à direita* (com Luiz Felipe Pondé e Denis Rosenfield), em 2012.